あわてず、ゆっくり離乳食

授乳・離乳の支援ガイド（改定版）の要点

可野倫子

保育園離乳食実例 鈴木ゆかり

芽ばえ社

はじめに

　授乳と離乳食に関する国の指針である「授乳・離乳の支援ガイド」（厚生労働省）が2007年以来、12年ぶりに改定されました。これは産科施設や保健師、栄養士、保育士など育児に関わるすべての専門職（以下支援者）に向けた指針であると共に、母子手帳にも反映されます。
　今回の改定までの指針の流れとポイントを振り返ってみましょう。

1958年「離乳基本案」文部省
● 離乳の開始＝ 5 か月
● 完了時期＝ 1 歳
● 食品の進め方＝穀類→卵黄→野菜、魚

1980年「離乳の基本」厚生省
● 離乳の開始＝満 5 か月から。 4 か月から開始できるとする。
● 完了時期＝ 1 歳。 1 歳以降は断乳。
● 食品の順序の明記はなく、「食べやすく調理すればよい」と記載。

1995年「改定　離乳の基本」厚生省
● 離乳の開始＝「早くても 4 か月以降が望ましい」
　「発育が良好ならば 6 か月中」
● 完了時期＝12 〜 15か月
　離乳の開始から完了までを離乳期（離乳初期、中期、後期、完了期）とする。 1 歳以降は断乳。
● 食品進め方＝アレルギーへの留意が記され、たんぱく質源は食品ごとに明記。離乳初期（ 5 〜 6 か月）の食品に「卵黄」が記載。

2007年「授乳・離乳の支援ガイド」厚生労働省
（母乳推進の目的から、授乳の支援が加わる）
● 離乳の開始＝5〜6か月（4か月という表記を削除）
● 完了時期＝12〜18か月

授乳は断乳と規定せず、「離乳の完了は、母乳または育児用ミルクを飲んでいない状態を意味するものではない」と記載。

そして、今回の改定になりました。
　以上のような国の指針を振り返ると、その折々の母子保健、母子栄養の動向、社会背景が見えてきます。

　本書は今回の改定のポイント、支援ガイドの活用のほか、ふきのとう保育園の鈴木ゆかり管理栄養士から保育園での食事の実際をお示しいただきました。
　授乳・離乳期は母親等が赤ちゃんのコミュニケーションを楽しめる時期です。支援者として、そして支援者間の連携を通して適切な支援をすることで母親等が安心し、ゆったりと授乳・離乳時に赤ちゃんと向き合うことができます。そうしたことが、赤ちゃんにとって「おいしい！　楽しい！」食体験の積み重ねとなり、食を営む力へと発展していきます。
　支援者として、また、支援する側がどのように授乳・離乳を進めているのか参考にしていただければ幸いです。

2019年7月

可野倫子

はじめに 2　　　　　　　　　　　　　　　　　　　　目次

1章
「授乳・離乳の支援ガイド（2019年改定版）」について　可野倫子　7

1. 改定の背景 ……………………………………… 8
2. 授乳及び離乳の支援にあたっての考え方 …… 9
   (1) 育児支援の視点を重視
       （個別性を尊重し、寄り添いを重視した支援の促進）………… 9
   (2) 共有と連携による一貫した支援 ……………………… 9
3. 改定の主なポイント ……………………………… 11
   (1) 授乳・離乳を取り巻く最新の科学的知見等を
       踏まえた適切な支援の充実 ………………………………… 11
   (2) 授乳開始から授乳リズムの確立時期の支援内容の充実 … 11
   (3) 食物アレルギー予防に関する支援の充実 ……………… 11
   (4) 妊娠期からの授乳・離乳等に関する情報提供のあり方 … 11
4. 2007年版との主な変更点 ……………………… 13
   全体 ……………………………………………………………… 13
   授乳の支援 ……………………………………………………… 14
   離乳の支援 ……………………………………………………… 16

【資料】「授乳・離乳の支援ガイド（2019年改定版）」抜粋 …… 22

2章
あわてず、ゆっくり離乳食　可野倫子　47
子どもと食べる楽しさを共有しましょう ……………………… 48

1. 離乳とは、離乳食とは ………………………… 51
   離乳とは ………………………………………………………… 51
   離乳食の必要性 ………………………………………………… 51
   子どもの栄養量について ……………………………………… 54
   離乳食、いつから始めていつ終わるの？ …………………… 61

始める前に子どもをよく見ましょう ……………………… 61
　　離乳食の進め方 …………………………………………… 63
　　開始の前に注意しておきたい食品について ………………… 68
　　食品の種類と進め方 ………………………………………… 68
　　離乳食作りで気をつけたいこと（調理形態・方法など） ……… 71
　　ベビーフードについて ……………………………………… 73
　　離乳食は「食べる楽しさを知る」ことのスタート ……………… 73

2．離乳食について　Q&A …………………………… 74

3章
保育園での離乳食の進め方　77
ふきのとう保育園　鈴木ゆかり

4月　離乳食献立表 ………………………………… 78
4月　完了食献立表 ………………………………… 80
ふきのとう保育園　メニュー展開① ………… 82
ふきのとう保育園　メニュー展開② ………… 84
発達にそった食材の形態と食器 ………………… 86
離乳食を作る時に便利な物 ……………………… 88

離乳初期（生後5～6か月頃）の調理の留意点　89
【離乳初期のレシピ】
　　10倍がゆ ……………………………………… 89
　　野菜ペースト ………………………………… 89

離乳中期（生後7～8か月頃）の調理の留意点　90
【離乳中期のレシピ】
　　しらすと青海苔のおかゆ …………………… 90
　　白菜豆腐煮 …………………………………… 91
　　鮭のクリームコーン煮 ……………………… 91
　　小松菜しらす煮 ……………………………… 92
　　ツナのトマト煮 ……………………………… 92
　　ささみとかぼちゃ煮 ………………………… 92
　　白身魚と野菜の煮物 ………………………… 93
　　高野豆腐とわかめ煮 ………………………… 93
　　ほうれんそうとさつまいも煮 ……………… 94

野菜煮黄身のせ……………………………… 94

離乳後期（生後9〜11か月頃）の調理の留意点　95
【離乳後期のレシピ】
　　マカロニホワイト煮………………………… 95
　　汁ビーフン…………………………………… 96
　　鮭の米粉クリーム煮………………………… 96
　　豆腐と豚ひき肉のしょうゆ麹煮…………… 97
　　さばのみそホイル焼き……………………… 97
　　豚肉ともずく煮……………………………… 98
　　鶏肉ときのこのトマト煮…………………… 98
　　あじとごぼうの煮物………………………… 99
　　高野豆腐の卵とじ…………………………… 99
　　かじり取り野菜煮……………………………100

離乳完了（生後12〜18か月頃）の調理の留意点　101
【離乳完了のレシピ】
　　シーフードパスタ……………………………101
　　いわし団子と小松菜煮………………………102
　　大豆と野菜のケチャップ煮…………………102
　　鶏天煮…………………………………………103
　　豆腐のきのこあん……………………………103
　　肉団子と野菜煮………………………………104
　　あじのみそチーズ焼き………………………104
　　野菜の納豆和え………………………………105
　　きなこおにぎり………………………………105
　　かぼちゃとレーズン入りパンケーキ………106
　　みかんゼリー…………………………………106

あとがき　107

１・２章写真／いろはちゃん、ゆうた君、ゆづきちゃん
３章写真／ふきのとう保育園・鈴木ゆかり

編集協力・デザインDTP／渡辺美知子デザイン室

1章
「授乳・離乳の支援ガイド（2019年改定版）」について

可野倫子

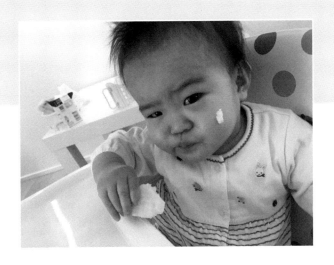

1．改定の背景

　授乳及び離乳の望ましい支援のあり方について、妊産婦や子どもに関わる保健医療従事者を対象に、所属する施設や専門領域が異なっても、基本的事項を共有し一貫した支援を進めるために、平成19年（2007年）3月に「授乳・離乳の支援ガイド」が策定されてから10年以上が経ちました。
　この間、科学的知見の集積（食物アレルギーの予防、母乳の利点など最新の知見など）、平成27年（2015年）度「乳幼児栄養調査」[1]の時点からの育児環境や就業状況の変化、母子保健施策の充実等、

図表1　「授乳・離乳の支援ガイド」について

「授乳・離乳の支援ガイド」について
1．背景 ○ 本ガイドについては、授乳及び離乳の望ましい支援の在り方について、妊産婦や子どもに関わる保健医療従事者を対象に、所属する施設や専門領域が異なっても、基本的事項を共有し一貫した支援を進めるために、平成19年3月に作成。 ○ 本ガイドの作成から約10年が経過するなかで、科学的知見の集積、育児環境や就業状況の変化、母子保健施策の充実等、授乳及び離乳を取り巻く社会環境等の変化がみられたことから、有識者による研究会を開催し、本ガイドの内容の検証及び改定を検討。

2．ガイドの基本的な考え方	**3．改定の主なポイント**
（1）授乳及び離乳を通じた育児支援の視点を重視。親子の個別性を尊重するとともに、近年ではインターネット等の様々な情報がある中で、慣れない授乳及び離乳において生じる不安やトラブルに対し、母親等の気持ちや感情を受けとめ、寄り添いを重視した支援の促進。 （2）妊産婦や子どもに関わる多機関、多職種の保健医療従事者※が授乳及び離乳に関する基本的事項を共有し、妊娠中から離乳の完了に至るまで、支援内容が異なることのないよう一貫した支援を推進。 ※医療機関、助産所、保健センター等の医師、助産師、保健師、管理栄養士等	（1）授乳・離乳を取り巻く最新の科学的知見等を踏まえた適切な支援の充実 　食物アレルギーの予防や母乳の利点等の乳幼児の栄養管理等に関する最新の知見を踏まえた支援の在り方や、新たに流通する乳児用液体ミルクに関する情報の記載。 （2）授乳開始から授乳リズムの確立時期の支援内容の充実 　母親の不安に寄り添いつつ、母子の個別性に応じた支援により、授乳リズムを確立できるよう、子育て世代包括支援センター等を活用した継続的な支援や情報提供の記載。 （3）食物アレルギー予防に関する支援の充実 　従来のガイドでは参考として記載していたものを、近年の食物アレルギー児の増加や科学的知見等を踏まえ、アレルゲンとなりうる食品の適切な摂取時期の提示や、医師の診断に基づいた授乳及び離乳の支援について新たな項目として記載。 （4）妊娠期からの授乳・離乳等に関する情報提供の在り方 　妊婦健康診査や両親学級、3〜4か月健康診査等の母子保健事業等を活用し、授乳方法や離乳開始時期等、妊娠から離乳完了までの各時期に必要な情報を記載。

出典：「授乳・離乳の支援ガイド（2019年改定版）の概要」厚生労働省

---

[1]　「乳幼児栄養調査」：全国の乳幼児の栄養方法及び食事の状況等の実態を把握することにより、母乳育児の推進や乳幼児の食生活の改善のための基礎資料を得ることを目的とし、10年ごとに厚生労働省が実施する調査である。
　厚生労働省　https://www.mhlw.go.jp/toukei/list/83-1a.html#mokuteki

授乳及び離乳を取り巻く社会環境等に変化が見られました。このため、有識者による研究会が開催されてガイドラインの検証が行われ、2019年3月に「授乳・離乳の支援ガイド」が改定されました。

2．授乳及び離乳の支援にあたっての考え方

（1）育児支援の視点を重視
（個別性を尊重し、寄り添いを重視した支援の促進）

　授乳や離乳に関して学ぶ機会は医療機関等や自治体の母子保健事業等のみでなく、近年ではインターネットから情報[2]を得ることが可能となっています。しかし、そのような情報は母親等がうまく対応できる内容のものばかりではありません。

　慣れない授乳や離乳において生じる不安やトラブルに対して、保健医療従事者[3]が母親等の気持ちや感情を受け止め、親子の**個別性を尊重**すると共に、**寄り添いながら適切な支援**を行うことにより、母親等は対応方法を理解し、実践することができ、自信を持てるようになってきます。

（2）共有と連携による一貫した支援

　授乳及び離乳の支援には、妊産婦の時は産科施設、産後は小児科施設、そして保健所・市町村保健センター、保育所等、多くの機関や医師、助産師等、看護職、保健師、管理栄養士等のさまざまな保険医療従事者が関わっています。

2　インターネットからの情報：「授乳・離乳の支援ガイド（2019年改定版）」厚生労働省 p41＜参考資料5＞インターネット等で販売される母乳に関する注意喚起（本稿 p41）

3　保健医療従事者：医療機関、助産所、保健センター等の医師、助産師、保健師、看護師等看護職、管理栄養士、栄養士等。

したがって、各々の関わりにおいて**基本的情報を共有し、連携す
ること**で、妊娠期から子育て期まで**継続的に一貫した支援**を行うこ
とができ、母親等が混乱や不安を感じることなく安心して授乳及び
離乳が進められます。(**図表２**参照)

　子どもの発育には個人差があります。乳幼児期の発育は出生体重、
栄養方法、子どもの状態等によって変わってきます。母親等は、身
体の計測値を標準値や他の子どもの数値と比較して、子どもの発育
に不安を抱いたりしがちです。このようなことがありますので、保
健医療従事者は正常な発育の経過や身体発育の乳幼児身体発育評価
マニュアル[4]等を活用し**適切な評価方法の知識を持って支援**を行い、
母親等の不安の軽減を図ることが重要です。母親等が自信を持って
授乳・離乳ができるよう支援をすることが大切なのです。

図表２　授乳・離乳の支援推進に向けて

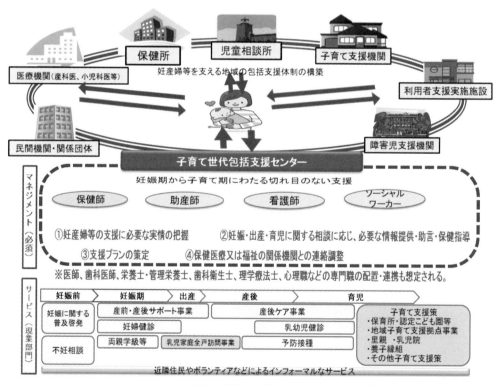

出典：「授乳・離乳の支援ガイド（2019年改定版）」p38　厚生労働省

4　乳幼児身体発育評価マニュアル：「授乳・離乳の支援ガイド（2019年改定版）」厚
　生労働省 p40＜参考資料４＞乳幼児身体発育評価マニュアル（本稿 p40）

3．改定の主なポイント

（1）授乳・離乳を取り巻く最新の科学的知見等を踏まえた適切な支援の充実

　食物アレルギーの予防や母乳の利点等の乳幼児の栄養管理等に関する**最新の知見を踏まえた支援のあり方**や、新たに流通する乳幼児用液体ミルクに関する情報の記載。

（2）授乳開始から授乳リズムの確立時期の支援内容の充実

　母親の不安に**寄り添い**つつ、母子の**個別性に応じた支援**により、授乳リズムを確立できるよう、**子育て世代包括支援センター**[5]等を活用した継続的な支援や情報提供の記載。

（3）食物アレルギー予防に関する支援の充実

　従来のガイドでは参考として記載していたものを、近年の食物アレルギー児の増加や科学的知見等を踏まえ、**アレルゲンとなりうる食品の適切な摂取時期の提示**や、医師の診断に基づいた授乳及び離乳の支援について新たな項目として記載。

（4）妊娠期からの授乳・離乳等に関する情報提供のあり方

　妊婦健康診査や両親学級、3～4か月健康診査等の母子保健事業等を活用し、授乳方法や離乳開始時期等、妊娠から離乳完了までの**各時期に必要な情報**を記載。

---

[5] 子育て世代包括支援センター：妊娠期から子育て期にわたる切れ目のない支援の提供を目的とし、必要な情報提供や関係機関との調整、支援プラン策定などを行う機関。母子保健法を改正し2017年4月に法定化され、2020年度末までに全国展開を目指している。

図表3　授乳及び離乳に係る主な支援体制（概要）

	妊娠	出産・新生児	乳児	幼児
情報提供	・授乳の種類 ・母乳（育児）の利点 ・妊産婦のための食生活指針 ・食物アレルギー	・スキンシップ ・授乳環境等 ・子どもの抱き方等 ・授乳のリズムの確立 ・食物アレルギー ・育児用ミルクの使用方法 ・相談場所等	・離乳の開始時期 ・離乳の進め方 ・乳児ボツリヌス症 ・食物アレルギー ・鉄欠乏 ・ビタミンD欠乏 ・手づかみ食べ	
支援	・母親等の気持ちや感情を受けとめた寄り添い支援 ・親子関係の促進へ ・授乳方法に関する意思決定を尊重 ・食育の支援へ ・食事のバランスや禁煙等の生活全般の改善を促す支援 ・医療機関内における情報共有、連携へ ・医療機関と地域関係機関との情報共有、連携へ	・授乳確立までの悩み等に対する寄り添い ・授乳時の関わりに関する支援 ・授乳量及び離乳食の量の評価、発育確認と個別の状況に応じた支援 ・家族の理解促進へ ・仲間づくりへ	・離乳の開始と進行の悩み等に対する寄り添い ・食事や生活リズムを踏まえた生活習慣の形成へ	
主な母子保健事業	母子健康手帳の交付・妊娠の届出 妊婦健診 妊婦訪問・妊婦相談 母親学級・両親学級	産婦健診 新生児訪問 乳児家庭全戸訪問 産後ケア事業 育児相談 養育支援訪問（要支援家庭への支援）	乳幼児健診（3～4か月、1歳6か月、 離乳食教室	
相談・支援機関	子育て世代包括支援センター 保健センター、地域子育て支援拠点 産科施設、小児科施設、助産所等			

出典「授乳・離乳の支援ガイド（2019年改定版）」p52　厚生労働省

4．2007年版との主な変更点

全体

　「授乳・離乳の支援ガイド（2019年改定版）」（以下、支援ガイドと略す）は前述したようなポイントを反映しつつ、いずれも若干の文言の変更、追加をして、よりわかりやすい文言となっています。

　支援ガイドの構成は、「Ⅰ　授乳及び離乳に関する動向」と「Ⅱ　授乳及び離乳の支援」となっています。Ⅰでは、妊娠、出産、子育てを取り巻く状況及び国の施策について記述されています。Ⅱは、「Ⅱ-1　授乳の支援」、「Ⅱ-2　離乳の支援」と分かれており、1では授乳の支援の方法及び支援の実践例（施策に関わる事例や災害時の支援の事例）、乳児用液体ミルクについてのコラムが掲載されています。2で特筆すべきは離乳と離乳食を使い分けたことですが、離乳の進め方の名称や月齢区分は変わらず「離乳初期、中期、後期、完了期」となっています。保育園の業務に長年従事している方へは復活しましたとお伝えしたほうがいいのかもしれませんね。

　支援ガイドの本文抜粋は後述に資料でお示しします（本稿p22〜45）。

授乳の支援

●基本的な考え方

（支援ガイドp15～16「授乳の支援に関する基本的考え方」）

基本的な考え方はこれまでと同様で、特に大きな変化はなく、「**母子にとって母乳は基本**であり、母乳で育てたいと思っている人が**無理せず自然に実現できるよう、妊娠中から支援を行う**」という記述があります。

授乳量については、母親が安心して授乳をできるよう支援の基本として、「**子どもの状態、個性や体質、母親の状態や家庭環境等を考慮に入れたうえで、総合的に判断する必要がある**」の記載があります。

●母乳（育児）の利点に注釈の追記

（支援ガイドp16「母乳（育児）の利点」）

本文はこれまで同文ですが、「完全母乳栄養児と混合栄養児との間に肥満発症に差があるとするエビデンスはなく、育児用ミルクを少しでも与えると肥満になるといった**表現で誤解を与えないように配慮**する」が注釈で追記されました。

●項目別に書き分けられた授乳の支援の方法

（支援ガイドp16～19「授乳の支援の方法」）

「妊娠期」、「授乳の開始から授乳のリズムの確立」、「授乳の進行」、「離乳への移行」と項目立てられ、「母乳の場合」、「育児用ミルクの

場合」、「混合栄養の場合」と書き分けられました。授乳期では、この部分が支援ガイドのポイントといえます。

混合栄養では「混合栄養の取り入れ方については、母親の思いを傾聴すると共に、母親の母乳分泌のリズムや子どもの授乳量等に合わせた支援を行う」と記され、育児用ミルク（乳児用調製粉乳及び乳児用調製液状乳）については「育児用ミルクの使用方法や飲み残しの取扱等について、安全に使用できるよう支援する」としています。

そして、授乳のリズムの確立では**子どもに個人差**があること、「**母親等と子どもの状態を把握**しながらあせらず授乳のリズムを確立できるよう支援する」ことが記載されました。このような記述からは、個別性を尊重し、寄り添いを重視する支援の促進という支援ガイドの基本的な考え方が、授乳の支援においてもはっきり示されていることがわかります。

●食物アレルギーの予防について追記

（支援ガイドp19〜20「食物アレルギーの予防について」）

「子どものアレルギー疾患予防のために、母親の食事は特定の食品を極端に避けたり、過剰に摂取する必要はない。バランスのよい食事が重要である」、「子どもの食物アレルギーが疑われる場合には、必ず医師の診断に基づいて母子の食物制限等を行うよう支援する」と明記されました。

*厚生労働省「授乳・離乳の支援ガイド」改定に関する研究会
　第2回議事録及び資料参照
　https://www.mhlw.go.jp/content/11908000/000464805.pdf

●乳児用液体ミルク（支援ガイドp28「乳児用液体ミルクについて」）

「災害時の授乳及び離乳に関する支援（平時）」にコラムとして追加されています。

●災害時に関する事例掲載（災害時、平時）

（支援ガイドp26〜28「災害時の授乳及び離乳に関する支援」）

事例4－①「災害時の授乳及び離乳に関する支援（災害時）」に「平成30年　北海道胆振東部地震で被災した妊産婦及び乳幼児等に対する支援のポイントについて」（平成30年9月、厚生労働省）が掲載さ

れていました。

　災害時の支援体制は、日常の支援の延長であると心しておきたいことです。

離乳の支援

●離乳の定義おいて、離乳と離乳食を整理し、離乳期を復活
　（支援ガイドp29「離乳の支援に関する基本的考え方」）

　離乳食のことを「離乳」と定義づけているのは、2007年と同様です。冒頭前文を以下に記します。

　「**離乳**とは、成長に伴い、母乳又は育児用ミルク等の乳汁だけでは不足してくるエネルギーや栄養素を補完するために、乳汁から幼児食に移行する過程をいい、**その時に与えられる食事を離乳食**という」（下線筆者）

　「乳汁から幼児食に移行する過程」の注釈として、「離乳の完了は、母乳または育児用ミルクを飲んでいない状態を意味するものではない」と記されています。

　また下線部分「離乳食」の注釈として「WHOでは〈Complementary Feeding〉といい、いわゆる〈補完食〉と訳されることがある」とも示しています。

●離乳期における子ども、家族への食育の視点を追記

（支援ガイドp29「離乳の支援に関する基本的考え方」）

「家族等と食卓を囲み、共に食事をとりながら食べる楽しさの体験を増やしていくことで、一人ひとりの子どもの「食べる力」を育むための支援が推進されることを基本とする。なお、離乳期は、両親や家族の食生活を見直す期間でもあるため、現状の食生活を踏まえて、適切な情報提供を行うことが必要である」

●家族一緒➡共食へ文言変更（支援ガイドp30「離乳の進行」）

食の場を共にする者を家族だけに限定せず、「誰か」と一緒に食卓を囲むことが重要であることを示すため、以下の文言となっています。

「**家族等**が食卓を囲み、**共食**を通じて食の楽しさやコミュニケーションを図る、思いやりの心を育むといった食育の観点も含めて進めていくことが重要である」

●「離乳初期、離乳中期、離乳後期、離乳の完了」の復活

（支援ガイドp30～31「離乳の進行」）

月齢区分は変わらず、離乳初期（離乳開始後、生後5か月～6か月頃）、離乳中期（生後7か月～8か月頃）、離乳後期（生後9か月～11か月頃）、離乳の完了（生後12か月～18か月頃）と表記されました。

●各期の進行に合わせた食べさせ方や口の動きについて追記
（支援ガイドp30～31「離乳の進行」）

●離乳完了期の手づかみ食べの文言改定（図表４、５参照）
　自分で食べる楽しみを手づかみ食べから始める（2007年）。
➡手づかみ食べにより、自分で食べる楽しみを増やす。

●食品の種類と調理（支援ガイドp32「食品の種類と組合せ」）
　食品の種類は適切な時期に離乳を進められるよう、わかりやすく加除修正されています。
　離乳の開始は「アレルギーの心配の少ない」を削除し、「離乳の開始は、おかゆ（米）から始める」
　鉄やビタミンD欠乏とならないよう離乳の進行を踏まえた食品の摂取をすること、フォローアップミルクは母乳の代替食品ではないので、医師に相談した上で活用することなども追記されています。

●食物アレルギーの予防について明確化
（支援ガイドp33「食物アレルギーへの対応」）
　「食物アレルギーの発症を心配して、離乳の開始や特定の食物の摂取開始を遅らせても、食物アレルギーの予防効果があるという科学的根拠はないことから、生後５～６か月頃から離乳を始めるように情報提供を行う」と記載されました。

●離乳の進め方の目安（支援ガイドp34「離乳の進め方の目安」）
①成長の目安が下部から上部へ移動

②離乳期の段階と各月齢を明記

③離乳後期：食べ方の目安で「家族一緒に ➡ 共食を通じて」

④離乳完了期：自分で食べる楽しみを手づかみ食べから始める ➡ **手づかみ食べにより、自分で食べる楽しみを増やす**

⑤離乳初期に「卵黄等」を追記
　これは、もちろんかたゆでした卵黄です。加熱処理を前提として、加熱の項目を削除して表記されています。

＊厚生労働省「授乳・離乳の支援ガイド」改定に関する研究会
　第2回議事録及び資料参照
　https://www.mhlw.go.jp/content/11908000/000484012.pdf

⑥離乳完了期が「軟飯90g」から「軟飯80g」に変更
　離乳後期からスムーズに移行できるよう軟飯80gとなっています。

⑦下部に「歯の萌出の目安」と「摂食機能の目安」を追記

　図表4「離乳の進め方の目安」で変更・関係箇所に上記①～⑦のNo.を記載していますので、参照してください。参考までに2007年の進め方の目安（**図表5**）もお示しします（p20～21）。

●**ベビーフードの活用の留意点をコラムで掲載**
　（支援ガイドp35「ベビーフードを活用する際の留意点について」）
　平成27年度乳幼児栄養調査の結果を見ると、離乳食での困りごとで「作るのが負担、大変」が33.5％を示しました。「離乳食は手作りが望ましいが」とした上で保護者の負担軽減のひとつとして、ベビーフード等の使用方法の留意点を掲載しています。

図表4　離乳の進め方の目安（2019年　厚生労働省）

以下に示す事項は、あくまでも目安であり、子どもの食欲や成長・発達の状況に応じて調整する。①

		離乳初期 生後5〜6か月頃	離乳中期 生後7〜8か月頃	離乳後期 生後9〜11か月頃	離乳完了期 生後12〜18か月頃 ②
食べ方の目安		○子どもの様子をみながら1日1回1さじずつ始める。 ○母乳や育児用ミルクは飲みたいだけ与える。	○1日2回食で食事のリズムをつけていく。 ○いろいろな味や舌ざわりを楽しめるように食品の種類を増やしていく。	○食事リズムを大切に、1日3回食に進めていく。 ○共食を通じて食の楽しい体験を積み重ねる。③	○1日3回の食事リズムを大切に、生活リズムを整える。 ○手づかみ食べにより、自分で食べる楽しみを増やす。④
調理形態		なめらかにすりつぶした状態	舌でつぶせる固さ	歯ぐきでつぶせる固さ	歯ぐきで噛める固さ
1回当たりの目安量					
Ⅰ	穀類（g）	つぶしがゆから始める。 すりつぶした野菜等も試してみる。 慣れてきたら、つぶした豆腐・白身魚・卵黄等を試してみる。⑤	全がゆ 50〜80	全がゆ 90〜軟飯80	軟飯80〜 ご飯80 ⑥
Ⅱ	野菜・果物（g）		20〜30	30〜40	40〜50
Ⅲ	魚（g）		10〜15	15	15〜20
	又は肉（g）		10〜15	15	15〜20
	又は豆腐（g）		30〜40	45	50〜55
	又は卵（個）		卵黄1〜 全卵1/3	全卵1/2	全卵1/2〜2/3
	又は乳製品（g）		50〜70	80	100
歯の萌出の目安 ⑦			乳歯が生え始める。		1歳前後で前歯が8本生えそろう。 離乳完了期の後半頃に奥歯（第一乳臼歯）が生え始める。
摂食機能の目安 ⑦		口を閉じて取り込みや飲み込みが出来るようになる。	舌と上あごで潰していくことが出来るようになる。	歯ぐきで潰すことが出来るようになる。	歯を使うようになる。

※衛生面に十分に配慮して食べやすく調理したものを与える

出典：「授乳・離乳の支援ガイド（2019年改定版）」p34　厚生労働省

図表5　離乳食の進め方の目安（2007年　厚生労働省）

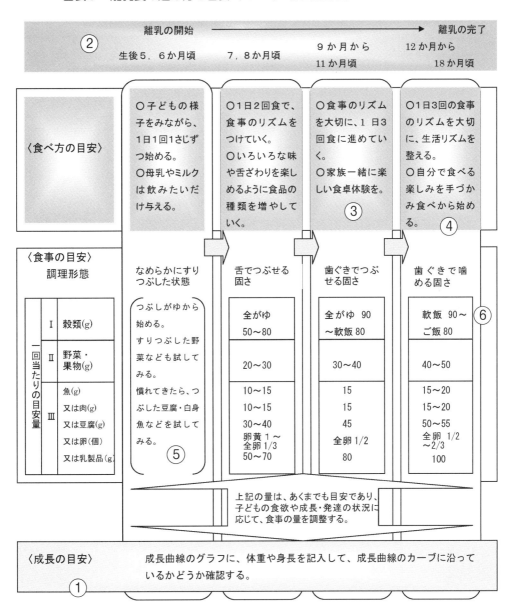

出典：「授乳・離乳の支援ガイド（2007年版）」p44　厚生労働省

【資料】「授乳・離乳の支援ガイド(2019年改定版)」抜粋

Ⅱ 授乳及び離乳の支援

授乳及び離乳の支援に当たっての考え方

　少子化が進行し、結婚した夫婦からの出生児数が2人に満たない状況や、児童のいない世帯が増加している現状にあっては、成長過程において子育てを自然に学ぶ機会が少なく、多くの親にとって、初めての育児、初めての授乳や離乳といったように全てが初めての体験であることが推察される。

　また、授乳や離乳に関して学ぶ機会は、医療機関等や自治体の母子保健事業等のみでなく、近年、育児雑誌やインターネットから情報を得ることが可能となってきた。

　一方、実際の育児は、これまでに母親等が得た情報をもとに対応ができるものばかりではなく、我が子と関わりながら様々な方法を繰り返し試し、少しずつ慣れていくことで安心して対応できるようになる。

　そうした過程で生じる不安やトラブルに対して、保健医療従事者が母親等の気持ちや感情を受け止め、寄り添いながら適切な支援を行うことにより、母親等は対応方法を理解し実践することができ、少しずつ自信が持てるようになってくる。

　特に、授乳期及び離乳期は母子の健康にとって極めて重要な時期にあり、母子の愛着形成や子どもの心の発達が大きな課題になっている現状では、それらの課題への適切な対応が求められている。

　妊婦健康診査や両親学級、3～4か月健康診査等の母子保健事業等を活用し、授乳方法や離乳開始時期等、妊娠から離乳完了までの各時期に必要な情報を適切に提供していくことが重要である。

　授乳及び離乳の支援に当たっては、産科施設や小児科施設、保健所・市町村保健センター、保育所など多くの機関や、医師、助産師等看護職、管理栄養士等の様々な保健医療従事者が関わっている。したがって、各々の期間における保健医療従事者が授乳及び離乳に関する基本的情報を共有し、連携することによって、妊娠期から子育て期まで継続的で一貫した支援を行うことができ、母親等に混乱や不安を与えずに安心して授乳及び離乳が進められることになる。さらに社会全体で支援を進める環境づくりを推進することが必要である。

　授乳及び離乳は、成長の過程を踏まえて評価する。具体的には、母子健康手帳には、乳幼児身体発育曲線が掲載されており、このグラフに体重や身長を記入し、成長曲線のカーブに沿っているかどうかを確認する。からだの大きさや発育には個人差があり、一人ひとり特有のパターンを描きながら大きくなっていく。身長や体重を記入して、その変化をみることによって、成長の経過を確認することができる。

体重増加がみられず成長曲線からはずれていく場合や、成長曲線から大きくはずれるような急速な体重増加がみられる場合は、医師に相談して、その後の変化を観察しながら適切に対応する[4]。

　なお、子どもの発育には個人差があるが、特に乳幼児期の発育は、出生体重、栄養方法、子どもの状態等により変わってくる。身体発育は計測値を標準値や他の子どもとの比較、増加の程度を意識してしまいがちであり、子どもの身体発育や栄養状態に自信を持てない母親等もいる。そのため、保健医療従事者は、乳幼児の正常な発育経過や身体発育の適切な評価方法の知識を持ち、一人ひとりの状況に応じた支援を行い、母親等の不安の軽減を図り、母親等が自信をもって授乳・離乳をできるよう支援することが重要である。

　授乳や離乳に当たっては、低出生体重児など個別の配慮が必要な子どもへのきめ細かな支援も重要である。

図24　授乳・離乳の支援推進に向けて

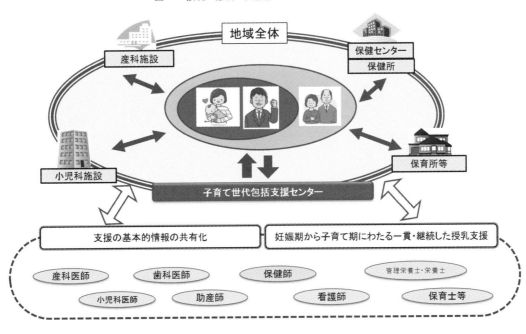

Ⅱ-1　授乳の支援

1　授乳の支援に関する基本的考え方

　授乳とは、乳汁（母乳又は育児用ミルク[5]）を子どもに与えることであり、授乳は子どもに栄養素等を与えるとともに、母子・親子の絆を深め、子どもの心身の健やかな成長・発達を促す上で極めて重要である。

　乳児は、出生後に「口から初めての乳汁摂取」を行うことになるが、新生児期、乳児期前半の乳児は、身体の諸機能は発達の途上にあり、消化・吸収機能も不十分である。そのため、この時期の乳児は、未熟な消化や吸収、排泄等の機能に負担をかけずに栄養素等を摂ることのできる乳汁栄養で育つ。

　妊娠中に「ぜひ母乳で育てたいと思った」「母乳が出れば母乳で育てたいと思った」と回答した母親が9割を超えていることから、母乳で育てたいと思っている母親が無理せず自然に母乳育児に取り組めるよう支援することは重要である。ただし、母乳をインターネット上で販売している実態も踏まえて、衛生面等のリスクについて注意喚起をしているところである[6]。授乳の支援に当たっては母乳だけにこだわらず、必要に応じて育児用ミルクを使う等、適切な支援を行うことが必要である。

　母子の健康等の理由から育児用ミルクを選択する場合は、その決定を尊重するとともに母親の心の状態等に十分に配慮し、母親に安心感を与えるような支援が必要である。

　授乳は、子どもが「飲みたいと要求」し、その「要求に応じて与える」という両者の関わりが促進されることによって、安定して進行していく。その過程で生じる不安等に対して適切に対応し、母親等が安心して授乳ができるように支援を行う。

　授乳の支援に当たっては、母乳や育児用ミルクといった乳汁の種類にかかわらず、母子の健康の維持とともに、健やかな母子・親子関係の形成を促し、育児に自信をもたせることを基本とする。

　約8割の母親等が授乳について困ったことがあり、特に回答が多かったものは「母乳が足りているかわからない」であった。こうした困りごとをもつ母親等に対しては、子育て世代包括支援センター等を中心に、様々な保健医療機関を活用し継続的に母親等の不安を傾聴するとともに、子どもの状態をよく観察し授乳量が足りているかどうかを見極める必要がある。

　生後1年未満の乳児期は、1年間で体重が約3倍に成長する、人生で最も発育する時期である。発育の程度は個人差があるため、母乳が不足しているかどうかについては、

---

[5] 育児用ミルク：母乳の代替として飲用に供する乳児用調製粉乳及び乳児用調製液状乳をいう。これらは、食品としての安全性の観点から、食品衛生法に基づく乳及び乳製品の成分規格等に関する省令の承認及び母乳代替食品として栄養学的・医学的に適する旨の表示の観点から健康増進法に基づく特別用途食品の表示の許可を受けなければならないとされている。ここでいう育児用ミルクには、フォローアップミルクは含まれない。

[6] 参考資料5：「インターネットで販売される母乳に関する注意喚起」

子どもの状態、個性や体質、母親の状態や家庭環境等を考慮に入れたうえで、総合的に判断する必要がある。

母親が授乳や育児に関する不安が強い場合には、産後うつ予防や安心して授乳や育児ができるように、早期からの産科医師、小児科医師、助産師、保健師等による専門的なアプローチを検討する。

2　授乳の支援の方法

（1）妊娠期

母子にとって母乳は基本であり、母乳で育てたいと思っている人が無理せず自然に実現できるよう、妊娠中から支援を行う。

妊婦やその家族に対して、具体的な授乳方法や母乳（育児）の利点等について、両親学級や妊婦健康診査等の機会を通じて情報提供を行う。

母親の疾患や感染症[7]、薬の使用[8]、子どもの状態、母乳の分泌状況等の様々な理由から育児用ミルクを選択する母親に対しては、十分な情報提供の上、その決定を尊重するとともに、母親の心の状態に十分に配慮した支援を行う。

また、妊婦及び授乳中の母親の食生活は、母子の健康状態や乳汁分泌に関連があるため、食事のバランスや禁煙等の生活全般に関する配慮事項を示した「妊産婦のための食生活指針」を踏まえ、妊娠期から食生活の改善を促す支援を行う。

これらにより、妊娠中から授乳方法に関する正しい情報を提供し、その上で選択できるよう支援を行う。

なお、母乳（育児）には、次のような利点がある。

《母乳（育児）の利点》

母乳には、①乳児に最適な成分組成で少ない代謝負担、②感染症の発症及び重症度の低下、③小児期の肥満やのちの2型糖尿病の発症リスクの低下[9]などの報告がされている。

また、母乳を与えることによって、①産後の母体の回復の促進、②母子関係の良好な形成などの利点があげられる。

---

[7] HTLV-1の経母乳感染を完全に予防するためには、母乳を遮断する必要があり、原則として完全人工栄養を勧める。「HTLV-1母子感染予防対策マニュアル」https://www.mhlw.go.jp/bunya/kodomo/boshi-hoken16/dl/06.pdf
[8] 母親の薬の摂取により、薬が母乳中に移行するが、その量は非常に少なく、子どもに影響する可能性は低いといわれている。ただし、注意が必要な薬もあることから、正しい情報をもとに、主治医と相談しながら決めていくことが大切。
妊娠・授乳中の服薬に関する情報：国立成育医療研究センター「妊娠と薬情報センター」https://www.ncchd.go.jp/kusuri/
[9] 完全母乳栄養児と混合栄養児との間に肥満発症に差があるとするエビデンスはなく、育児用ミルクを少しでも与えると肥満になるといった表現で誤解を与えないように配慮する。

（２）授乳の開始から授乳のリズムの確立

　生後間もない子どもは、昼夜の関係なく授乳と睡眠を中心に生活し、成長するにつれてその子どもなりの授乳のリズムや睡眠のリズムが整ってくる。

　授乳のリズムや睡眠リズムが整うまでの期間は子どもによって個人差がある。特に出産後から退院までの間は母親と子どもが終日、一緒にいられるように支援し、子どもが欲しがるとき、母親が飲ませたいときには、いつでも授乳できるように支援する。

　同時に母親は妊娠、出産による変化が妊娠前の状態に回復していく期間でもあることから、心身の不調や育児不安を抱えていることが想定される。そのため、母親と子どもの状態を把握するとともに、母親の気持ちや感情を受けとめ、あせらず授乳のリズムを確立できるよう支援する。

　授乳の開始後、母親等は授乳量が足りているかという不安をもつ場合がある。子どもの発育を評価する上で体重は重要な指標の一つであるが、子どもの発育は、出生体重や出生週数、栄養方法、子どもの状態によって変わってくるため、乳幼児身体発育曲線を用い、これまでの発育経過を踏まえるとともに、授乳回数や授乳量、排尿排便の回数や機嫌等の子どもの状況に応じた支援を行うことが重要である。

　授乳は、栄養方法のいかんに関わらず母親等と子どものスキンシップの上で重要な役割を果たし、優しい声かけとぬくもりを通してゆったりと飲むことで、子どもの心の安定がもたらされ、食欲が育まれていく。できるだけ静かな環境の下で、適切な子どもの抱き方で、目と目を合わせて、優しく声をかける等授乳時の関わりについて支援を行う。

　また、母親や父親、家族等が適切な授乳方法やその実践について共通した理解をもつことは、継続的に安心して子どもに対応していく上で欠かせないことである。父親や家族等による授乳への支援が、母親に過度の負担を与えることのないよう、父親や家族等への情報提供を行う。

　母親等が安心して子どもと過ごし、自信をもって授乳に取り組めるように努めるとともに、体重増加不良等への専門的支援、子育て世代包括支援センター等をはじめとする困った時に相談できる場所の紹介や仲間づくり、産後ケア事業等の母子保健事業等を活用し、きめ細かな支援を行うことも考えられる。

《母乳の場合》

　出産直後から母親の母乳による育児への意欲や、乳房の状態に合わせた個別対応を行うことが重要である。特に出産直後については、医療従事者が関わる中で、安全性に配慮した支援を行う。

- ・出産後はできるだけ早く、母子がふれあって母乳を飲めるように支援する。
- ・子どもが欲しがるサインや、授乳時の抱き方、乳房の含ませ方等について伝え、適切に授乳できるよう支援する。
- ・母乳が足りているか等の不安がある場合は、子どもの体重や授乳状況等を把握するとともに、母親の不安を受け止めながら、自信をもって母乳を与えることができるよう支援する。

《育児用ミルクの場合》

　母乳育児を望んでいても、医学的な理由等により子どもの必要栄養量をまかなうのに十分な母乳が出ずに育児用ミルクを利用する場合もある。栄養方法のいかんに関わらず、授乳を通した健やかな親子関係づくりが進むように支援を行う。

- 授乳を通して、母子・親子のスキンシップが図られるよう、しっかり抱いて、優しく声かけを行う等暖かいふれあいを重視した支援を行う。
- 子どもの欲しがるサインや、授乳時の抱き方、哺乳瓶の乳首の含ませ方等について伝え、適切に授乳できるよう支援する。
- 育児用ミルクの使用方法[10]や飲み残しの取扱等について、安全に使用できるよう支援する。

《混合栄養の場合》

　母親が何らかの理由で母乳を十分に与えられない場合に、母乳と育児用ミルクを合わせて与えることをいう。混合栄養を取り入れる要因としては、母乳分泌不足、母親の健康上の要因、疲労等があげられる。栄養方法のいかんに関わらず、授乳を通した健やかな親子関係づくりが進むように支援を行う。

- 母乳を少しでも与えているなら、母乳育児を続ける為に育児用ミルクを有効に利用するという考え方に基づき支援を行い、母乳の出方や量は異なるため、混合栄養の取り入れ方については、母親の思いを傾聴すると共に、母親の母乳分泌のリズムや子どもの授乳量等に合わせた支援を行う。
- 授乳を通して、母子・親子のスキンシップが図られるよう、しっかり抱いて、優しく声かけを行う等暖かいふれあいを重視した支援を行う。
- 子どもが欲しがるサインや、授乳時の抱き方、乳頭（哺乳瓶の乳首）の含ませ方等について伝え、適切に授乳できるよう支援する。
- 育児用ミルクの使用方法や飲み残しの取扱等について、安全に使用できるよう支援する。

（3）授乳の進行

　授乳のリズムの確立とは、子どもが成長するにつれて授乳の間隔や回数、量が安定してくることをいう。授乳のリズムが確立するのは、生後6～8週以降と言われているが、子どもによって個人差があるので、母親等と子どもの状態を把握しながらあせらず授乳のリズムを確立できるよう支援する。授乳のリズムの確立以降も、母親等がこれまで実践してきた授乳・育児が継続できるように支援することが必要である。

---

[10] 「乳児用液体ミルクについて」（p.28）及び参考資料12「乳児用調製粉乳の安全な調乳、保存及び取扱に関するガイドラインの概要（FAO/UNICEF）を参照。

《母乳の場合》
- 母乳育児を継続するために、母乳不足感や体重増加不良などへの専門的支援、困った時に相談できる母子保健事業の紹介や仲間づくり等、社会全体で支援できるようにする。

《育児用ミルクの場合》
- 授乳量は、子どもによって授乳量は異なるので、回数よりも1日に飲む量を中心に考えるようにする。そのため、育児用ミルクの授乳では、1日の目安量に達しなくても子どもが元気で、体重が増えているならば心配はない。
- 授乳量や体重増加不良などへの専門的支援、困った時に相談できる母子保健事業の紹介や仲間づくり等、社会全体で支援できるようにする。

《混合栄養の場合》
- 母乳が少しでも出るなら、母乳育児を続けるために育児用ミルクを有効に利用するという考え方に基づき支援を行う。母乳の出方や量は個々に異なるため、母親の母乳分泌のリズムや子どもの授乳量に合わせて混合栄養の取り入れ方の支援を行う。
- 母乳の授乳回数を減らすことによって、母乳分泌の減少など母乳育児の継続が困難になる場合があるが、母親の思い等を十分に傾聴し、母子の状況を見極めた上で、育児用ミルクを利用するなど適切に判断する。

(4) 離乳への移行

　離乳を開始した後も、母乳又は育児用ミルクは授乳のリズムに沿って子どもが欲するまま、又は子どもの離乳の進行及び完了の状況に応じて与えるが、子どもの成長や発達、離乳の進行の程度や家庭環境によって子どもが乳汁を必要としなくなる時期は個人差が出てくる。そのため乳汁を終了する時期を決めることは難しく、いつまで乳汁を継続することが適切かに関しては、母親等の考えを尊重して支援を進める。母親等が子どもの状態や自らの状態から、授乳を継続するのか、終了するのかを判断できるように情報提供を心がける。

(5) 食物アレルギーの予防について

　子どもの湿疹や食物アレルギー、ぜんそく等のアレルギー疾患の予防のために、妊娠及び授乳中の母親が特定の食品やサプリメントを過剰に摂取したり、避けたりすることに関する効果は示されていない。子どものアレルギー疾患予防[11]のために、母親の食事は特定の食品を極端に避けたり、過剰に摂取する必要はない。バランスのよい食事が重要である。

---

[11] 母乳による予防効果については、システマティックレビューでは、6か月間の母乳栄養は、小児期のアレルギー疾患の発症に対する予防効果はないと結論している。なお、このレビューでは、児の消化器感染症の減少、あるいは母体の体重減少効果や再妊娠の遅延といった利点があることから、6か月間の母乳栄養自体は推奨している。

アレルギー素因のある子どもに対する牛乳アレルギー治療用の加水分解乳の予防効果について、以前は予防効果があるとする報告がされていたが、最近では、効果がないとする報告が多い。
　子どもの食物アレルギーが疑われる場合には、必ず医師の診断に基づいて母子の食物制限等を行うよう支援する。

（6） 授乳等の支援のポイント

※混合栄養の場合は母乳の場合と育児用ミルクの場合の両方を参考にする。

	母乳の場合	育児用ミルクを用いる場合
妊娠期	・母子にとって母乳は基本であり、母乳で育てたいと思っている人が無理せず自然に実現できるよう、妊娠中から支援を行う。 ・妊婦やその家族に対して、具体的な授乳方法や母乳（育児）の利点等について、両親学級や妊婦健康診査等の機会を通じて情報提供を行う。 ・母親の疾患や感染症、薬の使用、子どもの状態、母乳の分泌状況等の様々な理由から育児用ミルクを選択する母親に対しては、十分な情報提供の上、その決定を尊重するとともに、母親の心の状態に十分に配慮した支援を行う。 ・妊婦及び授乳中の母親の食生活は、母子の健康状態や乳汁分泌に関連があるため、食事のバランスや禁煙等の生活全般に関する配慮事項を示した「妊産婦のための食生活指針」を踏まえた支援を行う。	
授乳の開始から授乳のリズムの確立まで	・特に出産後から退院までの間は母親と子どもが終日、一緒にいられるように支援する。 ・子どもが欲しがるとき、母親が飲ませたいときには、いつでも授乳できるように支援する。 ・母親と子どもの状態を把握するとともに、母親の気持ちや感情を受けとめ、あせらず授乳のリズムを確立できるよう支援する。 ・子どもの発育は出生体重や出生週数、栄養方法、子どもの状態によって変わってくるため、乳幼児身体発育曲線を用い、これまでの発育経過を踏まえるとともに、授乳回数や授乳量、排尿排便の回数や機嫌等の子どもの状態に応じた支援を行う。 ・できるだけ静かな環境で、適切な子どもの抱き方で、目と目を合わせて、優しく声をかける等授乳時の関わりについて支援を行う。 ・父親や家族等による授乳への支援が、母親に過度の負担を与えることのないよう、父親や家族等への情報提供を行う。 ・体重増加不良等への専門的支援、子育て世代包括支援センター等をはじめとする困った時に相談できる場所の紹介や仲間づくり、産後ケア事業等の母子保健事業等を活用し、きめ細かな支援を行うことも考えられる。	
	・出産後はできるだけ早く、母子がふれあって母乳を飲めるように支援する。 ・子どもが欲しがるサインや、授乳時の抱き方、乳房の含ませ方等について伝え、適切に授乳できるよう支援する。 ・母乳が足りているか等の不安がある場合は、子どもの体重や授乳状況等を把握するとともに、母親の不安を受け止めながら、自信をもって母乳を与えることができるよう支援する。	・授乳を通して、母子・親子のスキンシップが図られるよう、しっかり抱いて、優しく声かけを行う等暖かいふれあいを重視した支援を行う。 ・子どもの欲しがるサインや、授乳時の抱き方、哺乳瓶の乳首の含ませ方等について伝え、適切に授乳できるよう支援する。 ・育児用ミルクの使用方法や飲み残しの取扱等について、安全に使用できるよう支援する。
授乳の進行	・母親等と子どもの状態を把握しながらあせらず授乳のリズムを確立できるよう支援する。 ・授乳のリズムの確立以降も、母親等がこれまで実践してきた授乳・育児が継続できるように支援する。	
	・母乳育児を継続するために、母乳不足感や体重増加不良などへの専門的支援、困った時に相談できる母子保健事業の紹介や仲間づくり等、社会全体で支援できるようにする。	・授乳量は、子どもによって授乳量は異なるので、回数よりも1日に飲む量を中心に考えるようにする。そのため、育児用ミルクの授乳では、1日の目安量に達しなくても子どもが元気で、体重が増えているならば心配はない。 ・授乳量や体重増加不良などへの専門的支援、困った時に相談できる母子保健事業の紹介や仲間づくり等、社会全体で支援できるようにする。
離乳への移行	・いつまで乳汁を継続することが適切かに関しては、母親等の考えを尊重して支援を進める。 ・母親等が子どもの状態や自らの状態から、授乳を継続するのか、終了するのかを判断できるように情報提供を心がける。	

＜事例4—①＞　災害時の授乳及び離乳に関する支援（災害時）

概要・目的

○2007年の新潟県中越沖地震以降、大規模な災害が発生した際は、避難所等で生活している妊産婦及び乳幼児に対する専門的な支援を行う際のポイントを整理して、地方自治体及び関係団体等へ周知。
○過去の災害支援を踏まえて、支援のポイントの検証・更新を行うことで、避難所等での支援の改善を図る。

妊産婦及び乳幼児等に対する支援のポイント（概要）

1. 妊産婦、乳幼児の所在を把握する。
2. 要援護者として生活環境の確保、情報伝達、食料・水の配布等に配慮する。
3. 健康と生活への支援
4. 妊婦健診や出産予定施設の把握をし、必要に応じて調整をする。
5. 乳幼児の保健・医療サービス利用状況の把握と支援
6. 気をつけたい症状
7. 災害による生活の変化と対策について

   食事・水分
   - 乳児は、母乳又は粉ミルクを続けるよう声かけをする。離乳食が始まっている場合で、適当な固さの食品が確保できない場合は、大人用の食事をつぶしたり、お湯を加えて粥状にして食べさせるように伝える。調理調達体制が整っている場合は、入手可能な食材で、粥状にして食べさせるように伝える。

   授乳
   - 母乳育児をしていた場合は、ストレスなどで一時的に母乳分泌が低下することもあるが、おっぱいを吸わせられるよう、安心して授乳できるプライベートな空間を確保できるよう配慮する。なお、助産師等の専門職により、母乳不足や母親の疲労が認められる等、総合的に母子の状況を判断し、必要に応じて粉ミルクによる授乳も検討する。
   - 調乳でペットボトルの水を使用する場合は、赤ちゃんの腎臓への負担や消化不良などを生じる可能性があるため、硬水（ミネラル分が多く含まれる水）は避ける。
   - 哺乳瓶の準備が難しい場合は、紙コップや衛生的なコップなどで代用する。残ったミルクは処分する。
   - コップを煮沸消毒や薬液消毒できない時は、衛生的な水でよく洗って使う。

8. その他
   - 食料（アレルギー対応食品含む）、離乳食、粉ミルク、おむつなどの物資については、避難所等ごとに必要量を把握しておく。

   出典：厚生労働省「平成30年北海道胆振東部地震で被災した妊産婦及び乳幼児等に対する支援のポイントについて（平成30年9月7日付け事務連絡）」

授乳を行うに当たっての配慮

○避難所でも安心して授乳できるスペースの確保

熊本地震の際の避難所の様子

「特殊栄養食品ステーション」での取組

○被災された方からの相談を受け、状況を踏まえて必要な食品（アレルギー対応食、母乳代替食品、離乳食等）を提供・管理

熊本地震及び2018年7月豪雨の際の支援（日本栄養士会災害支援チームの活動の様子）

＜事例4—②＞　災害時の授乳及び離乳に関する支援（平時）

日頃からの家庭における備蓄

○　地震や大雨など、災害が日常となる中で、緊急時に備え、電気・ガス・水道などのライフラインが断たれた後に、避難所へ行ってからの生活を支える場合や、自宅で生活するために、日頃から家庭において、最低3日分、できれば1週間分程度の生活用品の備蓄が必要。特に、食料品、トイレットペーパーなどの消耗品、離乳食やおむつなど子ども用品は日頃から多めに買い置きする習慣をつける。

○　母子保健事業等の機会を活用し、災害に備え、備蓄の用意に関する周知が重要である。

○　妊産婦・乳幼児のいる家庭の備蓄品（例）
　　1）食料品について

水1週間分	調理も含めた飲料水の目安は1日1人当たり3Lを目安に、容量は2Lよりも500mlのものが食品衛生上望ましい。
常温で日持ちする調理不要の食品	災害用の備蓄食品のアルファ化米、乾パンなどにこだわる必要はなく、普段食べ慣れているレトルト食品缶詰の備蓄がお勧め。日常の食事に利用し、使った分を買い足すようにすれば賞味期限切れのリスクも避けられます。
缶詰	肉、魚以外にも、豆（大豆など）、果物、牛乳、ジュース、パンなど各種あるので食べてみて、好みのものを。スチール缶はさびやすいので、できるだけアルミ缶入りのものを。
野菜ジュースやロングライフ牛乳	常温で長期保存可能。断水時の水分補給として、また、支援物資は淡水果物が中心になりがちなので、栄養補給の点でも貴重な食品となります。食品衛生上、一気に使い切れる少容量パックの用意を。
嗜好品（甘味）	エネルギーの補給と共に、心を癒します。缶詰の果物、ドライフルーツ（レーズン、ドライマンゴーなど）、チョコレート、ビスケット、羊羹、あめ、キャラメルなど好みで。
栄養補助食品	支援物資の食事は、野菜や果物が不足しがちで、栄養バランスが偏ることも。マルチビタミン剤や食物繊維入りの栄養補助食品がお勧めです。
日持ちする根菜類	普段使う、にんじん、たまねぎ、じゃがいも、ごぼうなどは多めに買い置きし、先に購入したものから使っていくと、備蓄野菜に。
米、パスタ、カップ麺など	水や熱源が必要ですが、多めの買い置きが安心。パック入りご飯、おもちのパックなども。
育児用ミルク	常に1缶（箱）分は余分に買い置きを。キューブタイプのミルクは、スプーンで計量の必要がなく便利。プラスチック製哺乳瓶と乳首も備蓄を。普段母乳でも、母乳が出にくくなる場合があるので、ミルクと母乳便を準備しておくと安心です。
ミルク調整用の水	硬水より軟水のものを。「加熱殺菌済みベビー用飲料水」が便利。
離乳食・幼児食	市販のベビーフードや幼児食は、種類も豊富で常温で長期保存可能なものが多い。レトルト（容器タイプ）が便利。与える時のスプーンの用意も。食事量が多い用事には、レトルトタイプの大人の介護食品の利用も可能です。

2）食生活に関係する生活用品の備蓄について

紙皿、紙コップ、箸、スプーンなど	紙コップやスプーンは、哺乳瓶のない場合に授乳にも役立ちます。紙コップなどを使った授乳方法はp23参照。
食品用ラップ、アルミホイル、厚手のビニール袋（ジップロック）など	水が十分に使えない状況では、ラップやポリ袋を皿に敷く、お椀にかぶせる、手袋代わりに使うなど衛生的に節水を。
キッチンばさみ	まな板が使えないときに。
買い物用ポリ（レジ）袋、エコバック	支援物資の食料運搬や乳幼児の小物整理袋、ゴミ袋としての利用など広い用途に。
携帯カセットコンロ、ガスボンベ	ガス、電気が止まった時に。

出典：日本子ども家庭総合研究所「乳幼児と保護者、妊産婦のための災害ハンドブック（2014年）

○　岩手県釜石市の東日本震災後の取組

避難所で乳幼児をもつ母親や妊婦が大変な苦労をしたことを受け、母子保健事業等を手伝ってくれる母子保健推進員により、避難する時にもっていく「防災グッズ」と「防災バック」の見本及び説明のためのマニュアルが作成された。

乳幼児健康診査等の機会を活用し、災害時に母子が必要物品を日頃から準備しておくことを周知している。

＜事例4—③＞　災害時の授乳及び離乳に関する支援（平時）

> **日本栄養士会　赤ちゃん防災プロジェクト概要**
>
> 　災害時の乳幼児の栄養確保と保護の観点から、授乳婦や乳幼児に対する避難所の環境整備及び母乳代替食品（乳児用調製粉乳・乳児用調製液状乳）[5]の備蓄等、日本栄養士会災害支援チーム（JDA-DAT)が、関係機関・団体等と連携のもと、推進。

①手引きの作成・配布

　「災害時における乳幼児の栄養支援に関する手引き」や「災害時に乳幼児を守るための栄養ハンドブック」を作成し、災害時の母乳育児や育児用ミルクの使用方法等を取りまとめ、自治体等を通じた周知や配布を実施。

②災害時の乳幼児の栄養・食支援に向けた地域防災活動の支援

　特定非営利活動法人日本防災士会と連携し、地域の防災計画における備蓄推奨や、研修会実施等の地域防災活動の支援。

③母乳代替食品の備蓄推進、災害発生時の特殊栄養食品ステーションを通じた搬送と提供

　平時の各地域における災害対策活動において、母乳代替食品の備蓄を推奨。また、災害発生時には特殊栄養食品ステーションを通じた搬送や提供の実施。

> **＜コラム1＞　乳児用液体ミルクについて**
>
> 　平成30年8月8日に乳児用調製液状乳（以下「乳児用液体ミルク」という。）の製造・販売等を可能とするための改正省令等が公布されるとともに、特別用途食品における乳児用液体ミルクの許可基準等が設定され、事業者がこれらの基準に適合した乳児用液体ミルクを国内で製造・販売することが可能となった。
>
> 液体ミルクとは
> ・乳児用液体ミルクは、液状の人工乳を容器に密封したものであり、常温での保存が可能なもの。
> ・調乳の手間がなく、消毒した哺乳瓶に移し替えて、すぐに飲むことができる。
> ・地震等の災害によりライフラインが断絶した場合でも、水、燃料等を使わず授乳することができるため、国内の流通体制が整い、使用方法等に関する十分な理解がされることを前提として、災害時の備えとしての活用が可能である。
>
> 使用上の留意点
> 　製品により、容器や設定されている賞味期限、使用方法が異なる。使用する場合は、製品に記載されている使用方法等の表示を必ず確認することが必要である。

Ⅱ－2　離乳の支援

1　離乳の支援に関する基本的考え方

　離乳とは、成長に伴い、母乳又は育児用ミルク等の乳汁だけでは不足してくるエネルギーや栄養素を補完するために、乳汁から幼児食に移行する過程[12]をいい、その時に与えられる食事を離乳食[13]という。

　この間に子どもの摂食機能は、乳汁を吸うことから、食物をかみつぶして飲み込むことへと発達する。摂取する食品の量や種類が徐々に増え、献立や調理の形態も変化していく。また摂食行動は次第に自立へと向かっていく。

　離乳については、子どもの食欲、摂食行動、成長・発達パターン等、子どもにはそれぞれ個性があるので、画一的な進め方にならないよう留意しなければならない。また、地域の食文化、家庭の食習慣等を考慮した無理のない離乳の進め方、離乳食の内容や量を、それぞれの子どもの状況にあわせて進めていくことが重要である。

　一方、多くの親にとっては、初めて離乳食を準備し、与え、子どもの反応をみながら進めることを体験する。子どもの個性によって一人ひとり、離乳食の進め方への反応も異なることから、離乳を進める過程で数々の不安や課題を抱えることも予想される。授乳期に続き、離乳期も母子・親子関係の関係づくりの上で重要な時期にある。そうした不安やトラブルに対し、適切な支援があれば、安心して離乳が実践でき、育児で大きな部分を占める食事を通しての子どもとの関わりにも自信がもてるようになってくる。

　離乳の支援にあたっては、子どもの健康を維持し、成長・発達を促すよう支援するとともに、授乳の支援と同様、健やかな母子、親子関係の形成を促し、育児に自信がもてるような支援を基本とする。特に、子どもの成長や発達状況、日々の子どもの様子をみながら進めること、無理させないことに配慮する。また、離乳期は食事や生活リズムが形づくられる時期でもあることから、生涯を通じた望ましい生活習慣の形成や生活習慣病予防の観点も踏まえて支援することが大切である。この時期から生活リズムを意識し、健康的な食習慣の基礎を培い、家族等と食卓を囲み、共に食事をとりながら食べる楽しさの体験を増やしていくことで、一人ひとりの子どもの「食べる力」を育むための支援[14]が推進されることを基本とする。なお、離乳期は、両親や家族の食生活を見直す期間でもあるため、現状の食生活を踏まえて、適切な情報提供を行うことが必要である。

---

[12] 離乳の完了は、母乳または育児用ミルクを飲んでいない状態を意味するものではない。
[13] WHO では「Complementary Feeding」といい、いわゆる「補完食」と訳されることがある。
[14] 参考資料6　楽しく食べる子どもに～食からはじまる健やかガイド～

2 離乳の支援の方法

（１）離乳の開始

　離乳の開始とは、なめらかにすりつぶした状態の食物を初めて与えた時をいう。開始時期の子どもの発達状況の目安としては、首のすわりがしっかりして寝返りができ、5秒以上座れる、スプーンなどを口に入れても舌で押し出すことが少なくなる（哺乳反射[15]の減弱）、食べ物に興味を示すなどがあげられる。その時期は生後5～6か月頃が適当である。ただし、子どもの発育及び発達には個人差があるので、月齢はあくまでも目安であり、子どもの様子をよく観察しながら、親が子どもの「食べたがっているサイン」に気がつくように進められる支援が重要である。

　なお、離乳の開始前の子どもにとって、最適な栄養源は乳汁（母乳又は育児用ミルク）であり、離乳の開始前に果汁やイオン飲料[16]を与えることの栄養学的な意義は認められていない。また、蜂蜜は、乳児ボツリヌス症[17]を引き起こすリスクがあるため、1歳を過ぎるまでは与えない。

（２）離乳の進行

　離乳の進行は、子どもの発育及び発達の状況に応じて食品の量や種類及び形態を調整しながら、食べる経験を通じて摂食機能を獲得し、成長していく過程である。食事を規則的に摂ることで生活リズムを整え、食べる意欲を育み、食べる楽しさを体験していくことを目標とする。食べる楽しみの経験としては、いろいろな食品の味や舌ざわりを楽しむ、手づかみにより自分で食べることを楽しむといったことだけでなく、家族等が食卓を囲み、共食を通じて食の楽しさやコミュニケーションを図る、思いやりの心を育むといった食育の観点も含めて進めていくことが重要である。

《離乳初期（生後5か月～6か月頃）》

　離乳食を飲み込むこと、その舌ざわりや味に慣れることが主目的である。離乳食は1日1回与える。母乳又は育児用ミルクは、授乳のリズムに沿って子どもの欲するままに与える。

　食べ方は、口唇を閉じて、捕食や嚥下ができるようになり、口に入ったものを舌で前から後ろへ送り込むことができる。

---

[15] 哺乳反射は、原始反射であり、探索反射、口唇反射、吸啜反射等がある。生まれた時から備えもつ乳首を取りこむための不随意運動で、大脳の発達とともに減少し、生後5～7か月頃に消失する。

[16] イオン飲料の多量摂取による乳幼児のビタミンB_1欠乏が報告されている。授乳期及び離乳期を通して基本的に摂取の必要はなく、必要な場合は、医師の指示に従うことが大切である。

[17] 参考資料8　乳児ボツリヌス症について

《離乳中期（生後7か月～8か月頃）》

　生後7～8か月頃からは舌でつぶせる固さのものを与える。離乳食は1日2回にして生活リズムを確立していく。母乳又は育児用ミルクは離乳食の後に与え、このほかに授乳のリズムに沿って母乳は子どもの欲するままに、ミルクは1日に3回程度与える。

　食べ方は、舌、顎の動きは前後から上下運動へ移行し、それに伴って口唇は左右対称に引かれるようになる。食べさせ方は、平らな離乳食用のスプーンを下唇にのせ、上唇が閉じるのを待つ。

《離乳後期（生後9か月～11か月頃）》

　歯ぐきでつぶせる固さのものを与える。離乳食は1日3回にし、食欲に応じて、離乳食の量を増やす。離乳食の後に母乳又は育児用ミルクを与える。このほかに、授乳のリズムに沿って母乳は子どもの欲するままに、育児用ミルクは1日2回程度与える。

　食べ方は、舌で食べ物を歯ぐきの上に乗せられるようになるため、歯や歯ぐきで潰すことが出来るようになる。口唇は左右非対称の動きとなり、噛んでいる方向に依っていく動きがみられる。食べさせ方は、丸み（くぼみ）のある離乳食用のスプーンを下唇にのせ、上唇が閉じるのを待つ。

　手づかみ食べは、生後9か月頃から始まり、1歳過ぎの子どもの発育及び発達にとって、積極的にさせたい行動である。食べ物を触ったり、握ったりすることで、その固さや触感を体験し、食べ物への関心につながり、自らの意志で食べようとする行動につながる。子どもが手づかみ食べをすると、周りが汚れて片付けが大変、食事に時間がかかる等の理由から、手づかみ食べをさせたくないと考える親もいる。そのような場合、手づかみ食べが子どもの発育及び発達に必要である理由について情報提供することで、親が納得して子どもに手づかみ食べを働きかけることが大切である。

（3）離乳の完了

　離乳の完了とは、形のある食物をかみつぶすことができるようになり、エネルギーや栄養素の大部分が母乳又は育児用ミルク以外の食物から摂取できるようになった状態をいう。その時期は生後12か月から18か月頃である。食事は1日3回となり、その他に1日1～2回の補食を必要に応じて与える。母乳又は育児用ミルクは、子どもの離乳の進行及び完了の状況に応じて与える。なお、離乳の完了は、母乳又は育児用ミルクを飲んでいない状態を意味するものではない。

　食べ方は、手づかみ食べで前歯で噛み取る練習をして、一口量を覚え、やがて食具を使うようになって、自分で食べる準備をしていく。

（4）食品の種類と調理

ア　食品の種類と組合せ

　与える食品は、離乳の進行に応じて、食品の種類及び量を増やしていく。

　離乳の開始は、おかゆ（米）から始める。新しい食品を始める時には離乳食用のスプーンで1さじずつ与え、子どもの様子をみながら量を増やしていく。慣れてきたらじゃがいもや人参等の野菜、果物、さらに慣れたら豆腐や白身魚、固ゆでした卵黄など、種類を増やしていく。

　離乳が進むにつれ、魚は白身魚から赤身魚、青皮魚へ、卵は卵黄から全卵へと進めていく。食べやすく調理した脂肪の少ない肉類、豆類、各種野菜、海藻と種類を増やしていく。脂肪の多い肉類は少し遅らせる。野菜類には緑黄色野菜も用いる。ヨーグルト、塩分や脂肪の少ないチーズも用いてよい。牛乳を飲用として与える場合は、鉄欠乏性貧血の予防の観点から、1歳を過ぎてからが望ましい。

　離乳食に慣れ、1日2回食に進む頃には、穀類（主食）、野菜（副菜）・果物、たんぱく質性食品（主菜）を組み合わせた食事とする。また、家族の食事から調味する前のものを取り分けたり、薄味のものを適宜取り入れたりして、食品の種類や調理方法が多様となるような食事内容とする。

　母乳育児の場合、生後6か月の時点で、ヘモグロビン濃度が低く、鉄欠乏を生じやすいとの報告がある。また、ビタミンD欠乏[18]の指摘もあることから、母乳育児を行っている場合は、適切な時期に離乳を開始し、鉄やビタミンDの供給源となる食品を積極的に摂取するなど、進行を踏まえてそれらの食品を意識的に取り入れることが重要である。

　フォローアップミルクは母乳代替食品ではなく、離乳が順調に進んでいる場合は、摂取する必要はない。離乳が順調に進まず鉄欠乏のリスクが高い場合や、適当な体重増加が見られない場合には、医師に相談した上で、必要に応じてフォローアップミルク[19]を活用すること等を検討する。

イ　調理形態・調理方法

　離乳の進行に応じて、食べやすく調理したものを与える。子どもは細菌への抵抗力が弱いので、調理を行う際には衛生面に十分に配慮する。

　食品は、子どもが口の中で押しつぶせるように十分な固さになるよう加熱調理をする。初めは「つぶしがゆ」とし、慣れてきたら粗つぶし、つぶさないままへと進め、軟飯へと移行する。野菜類やたんぱく質性食品などは、始めはなめらかに調理し、次

---

[18] ビタミンD欠乏によるくる病の増加が指摘されている。ビタミンD欠乏は、ビタミンD摂取不足のほか日光照射不足が挙げられる。
[19] フォローアップミルクの鉄含有量（6商品平均9.0mg/100ｇ）は育児用ミルク（平均6.5mg/100ｇ）の約1.4倍である。

第に粗くしていく。離乳中期頃になると、つぶした食べ物をひとまとめにする動きを覚え始めるので、飲み込み易いようにとろみをつける工夫も必要になる。

調味について、離乳の開始時期は、調味料は必要ない。離乳の進行に応じて、食塩、砂糖など調味料を使用する場合は、それぞれの食品のもつ味を生かしながら、薄味でおいしく調理する。油脂類も少量の使用とする。

離乳食の作り方の提案に当たっては、その家庭の状況や調理する者の調理技術等に応じて、手軽に美味しく安価でできる具体的な提案が必要である。

（5）食物アレルギーの予防について

ア　食物アレルギーとは

食物アレルギーとは、特定の食物を摂取した後にアレルギー反応を介して皮膚・呼吸器・消化器あるいは全身性に生じる症状のことをいう。有病者は乳児期が最も多く、加齢とともに漸減する。食物アレルギーの発症リスクに影響する因子として、遺伝的素因、皮膚バリア機能の低下、秋冬生まれ、特定の食物の摂取開始時期の遅れが指摘されている。乳児から幼児早期の主要原因食物は、鶏卵、牛乳、小麦の割合が高く、そのほとんどが小学校入学前までに治ることが多い。

食物アレルギーによるアナフィラキシーが起こった場合、アレルギー反応により、じん麻疹などの皮膚症状、腹痛や嘔吐などの消化器症状、ゼーゼー、息苦しさなどの呼吸器症状が、複数同時にかつ急激に出現する。特にアナフィラキシーショックが起こった場合、血圧が低下し意識レベルの低下等がみられ、生命にかかわることがある。

イ　食物アレルギーへの対応

食物アレルギーの発症を心配して、離乳の開始や特定の食物の摂取開始を遅らせても、食物アレルギーの予防効果があるという科学的根拠はないことから、生後5～6か月頃から離乳を始めるように情報提供を行う。

離乳を進めるに当たり、食物アレルギーが疑われる症状がみられた場合、自己判断で対応せずに、必ず医師の診断に基づいて進めることが必要である。なお、食物アレルギーの診断がされている子どもについては、必要な栄養素等を過不足なく摂取できるよう、具体的な離乳食の提案が必要である。

子どもに湿疹がある場合や既に食物アレルギーの診断がされている場合、または離乳開始後に発症した場合は、基本的には原因食物以外の摂取を遅らせる必要はないが、自己判断で対応することで状態が悪化する可能性も想定されるため、必ず医師の指示に基づいて行うよう情報提供を行うこと。

<コラム２> ベビーフードを活用する際の留意点について

　平成27年乳幼児栄養調査において、離乳食について、何かしらの困ったことがあると回答した保護者は74.1%であり、「作るのが負担、大変」と回答した保護者の割合は最も高く、33.5%であった。
　離乳食は、手作りが好ましいが、ベビーフード等の加工食品を上手に使用することにより、離乳食を作ることに対する保護者の負担が少しでも軽減するのであれば、それも一つの方法である。
　ベビーフードは、各月齢の子どもに適する多様な製品が市販されている。手軽に使用ができる反面、そればかりに頼ることの課題も指摘されていることから、ベビーフードを利用する際の留意点を踏まえ、適切な活用方法を周知することが重要である。

ベビーフードの利点と課題

【利点】
① 単品で用いる他に、手作りの離乳食と併用すると、食品数、調理形態も豊かになる。
② 月齢に合わせて粘度、固さ、粒の大きさなどが調整されているので、離乳食を手作りする場合の見本となる。
③ 製品の外箱等に離乳食メニューが提案されているものもあり、離乳食の取り合わせの参考になる。

【課題】
① 多種類の食材を使用した製品は、それぞれの味や固さが体験しにくい。
② ベビーフードだけで1食を揃えた場合、栄養素などのバランスが取りにくい場合がある。
③ 製品によっては子どもの咀しゃく機能に対して固すぎたり、軟らかすぎることがある。

ベビーフードを利用する時の留意点

◆子どもの月齢や固さのあったものを選び、与える前には一口食べて確認を。
　子どもに与える前に一口食べてみて、味や固さを確認するとともに、温めて与える場合には熱すぎないように温度を確かめる。子どもの食べ方をみて、固さ等が適切かを確認。

◆離乳食を手づくりする際の参考に。
　ベビーフードの食材の大きさ、固さ、とろみ、味付け等が、離乳食を手づくりする際の参考に。

◆用途にあわせて上手に選択を。
　そのまま主食やおかずとして与えられるもの、調理しにくい素材を下ごしらえしたもの、家庭で準備した食材を味つけするための調味ソースなど、用途にあわせて種類も多様。外出や旅行のとき、時間のないとき、メニューを一品増やす、メニューに変化をつけるときなど、用途に応じて選択する。不足しがちな鉄分の補給源として、レバーなどを取り入れた製品の利用も可能。

◆料理や原材料が偏らないように。
　離乳が進み、2回食になったら、ごはんやめん類などの「主食」、野菜を使った「副菜」と果物、たんぱく質性食品の入った「主菜」が揃う食事内容にする。ベビーフードを利用するに当たっては、品名や原材料を確認して、主食を主とした製品を使う場合には、野菜やたんぱく質性食品の入ったおかずや、果物を添えるなどの工夫を。

◆開封後の保存には注意して。食べ残しや作りおきは与えない。
　乾燥品は、開封後の吸湿性が高いため使い切りタイプの小袋になっているものが多い。瓶詰やレトルト製品は、開封後はすぐに与える。与える前に別の器に移して冷凍又は冷蔵で保存することもできる。食品表示をよく読んで適切な使用を。衛生面の観点から、食べ残しや作りおきは与えない。

<参考資料4> 乳幼児身体発育評価マニュアル

目　的

　乳幼児の身体発育を適切に評価し、よりよい母子保健活動をすすめるための基本的な知識と考え方及び相談等での対応の仕方を提供する。

目　次

1. はじめに
2. 乳幼児身体発育調査について
3. 乳幼児の身体計測について
4. 乳児期の身体発育の評価
5. 幼児期の身体発育の評価
6. 就学期以降の子どもの身体発育の評価
7. 乳幼児・前思春期・思春期を通じての発育評価
8. 集団の身体発育の評価
9. 実際の例
10. その他

※乳児期の身体発育の評価

○　一般に、乳児期に期待される体重増加量は時期によって変わる。

○　1か月健診では、出生時からではなく産科施設退院時からの体重増加を計算する。1日の平均体重増加量が25g未満であれば、母乳やミルクの回数、授乳の時間が十分か、抱き方含ませ方は適切か等を評価する。必要に応じ、授乳方法や人工乳の追加等について指導した上で、再度体重を測定するようにする。

○　体重増加は月齢が進むにつれてゆっくりとなっていく。

現状値（2010年調査）と体格標準値（2000年調査）の意義

○　集団の長期的評価や、医学的な判定（診断基準や小児慢性特定疾病の医療費助成で参照する値）に用いる幼児及び就学期以降の体格標準値としては、2000年調査に基づく値を引き続き用いる。

○　2010年調査に基づく値は、母子健康手帳の記入方法の指導や母子健康手帳を用いた保健・栄養指導の際に用いる。

出典：平成23年度厚生労働科学研究費補助金「乳幼児身体発育調査の統計学的解析とその手法及び利活用に関する研究」（研究代表者：横山徹爾）

<参考資料5> インターネット等で販売される母乳に関する注意喚起

> 母乳をインターネット上で販売している実態があるとの報道を受け、インターネット等で販売される母乳に関する注意喚起を行うとともに、ウェブサイト等を用いて情報発信を行った。

○ 既往歴や搾乳方法、保管方法等の衛生管理の状況が不明な第三者の母乳を乳幼児が摂取することは、病原体や医薬品等の化学物質等が母乳中に存在していた場合、これらに暴露するリスクや衛生面でのリスクがある。

○ 妊産婦や乳幼児の養育者に対して、こうしたリスクについて広く注意喚起していただきたい。

・インターネット等で販売される母乳に関する注意（厚生労働省ホームページ）

　https://www.mhlw.go.jp/stf/seisakunitsuite/bunya/0000090575.html

・インターネットでの母乳の購入にご注意ください（消費者庁ホームページ）

　http://www.caa.go.jp/safety/pdf/150703kouhyou_2.pdf

<参考資料6> 楽しく食べる子どもに～食からはじまる健やかガイド～

　雇用均等・児童家庭局長が学識経験者等に参集を求め、「食を通じた子どもの健全育成（－いわゆる「食育」の視点から－）のあり方に関する検討会」（雇用均等・児童家庭局）においては、次代を担う子どもが「食」を通して心身ともに健やかに育つための取組を一層充実させていくために、子どもの「食」に関する支援ガイドの作成に向けて、7回にわたり検討を重ね、平成16年2月に検討会報告書として、「楽しく食べる子どもに～食からはじまる健やかガイド～」を取りまとめた。

内　容

1　食を通じた子どもの健全育成のねらい

> 現在をいきいきと生き、かつ障害にわたって健康で質の高い生活を送る基本としての食を営む力を育てるとともに、それを支援する環境づくりを進めること。

2　食を通じた子どもの健全育成の目標

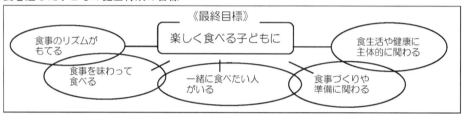

3　発育・発達過程に応じて育てたい"食べる力"

　子どもは、発育・発達過程にあり、授乳期から毎日「食」に関わっている。「食を営む力」を育むために、授乳期から思春期まで、その発育・発達過程に関わる主な特徴（表1）に応じて、具体的にどのような"食べる力"を育んでいけばよいのかをとりまとめた。

4　"食べる力"を育むための環境づくり

　子どもが成長していく過程で、子どもの食に関わる人々や関係機関・団体は数多く存在し、子どもの"食べる力"を育んでいくためには、保育所、学校、保健機関など関係機関による連携とともに、「食物」、「情報」へのそれぞれのアクセスに配慮した環境づくりの推進が必要である。

5　"食べる力"を育むための具体的支援方策（例）について

　①子どもが生活あるいは学習を行う機関を中心にした支援方策

　　（例）保育所、地域子育て支援センター、児童館・放課後児童クラブ、学校、児童養護施設、地域など

　②具体的な"食べる力"を育むための支援方策

（例）現代の子どもの健康課題である肥満や思春期やせ症の予防のために、「成長曲線」を活用し、成長の経過を確認していくことで早期発見を図るための方法の提案など

＜参考資料８＞　乳児ボツリヌス症

> 乳児ボツリヌス症による国内初の死亡事例が発生。乳児ボツリヌス症の予防対策に係る周知を改めて行うとともに、ウェブサイト等を用いて情報発信を行った。

○ 乳児ボツリヌス症は、食品中にボツリヌス毒素が存在して起こる従来のボツリヌス食中毒とは異なり、1歳未満の乳児が、芽胞として存在しているボツリヌス菌を摂取し、当該芽胞が消化管内で発芽、増殖し、産生された毒素により発症するもの。

○ 乳児ボツリヌス症の予防対策については、母子保健法施行規則（昭和40年厚生省令第55号）様式第3号以外の任意記載事項様式及び「乳児ボツリヌス症の予防対策について」（昭和62年10月20日付け健医感第71号・衛食第170号・衛乳第53号・児母衛第29号）により、かねてより周知が行われているところ。

○ 今般、国内初の蜂蜜を原因とする乳児ボツリヌス症による死亡事例が発生したことから、改めて、新生児訪問指導及び乳幼児健康診査等をはじめとした様々な機会をとらえ、乳児ボツリヌス症の予防対策について、積極的に乳児の保護者等に対し、情報提供に努めていただくよう依頼。

○ こうしたリスクについてウェブサイト等を用いて注意喚起。

ハチミツを与えるのは １歳 を過ぎてから

赤ちゃんのお母さん・お父さんやお世話をする方へ

1. 1歳未満の赤ちゃんがハチミツを食べることによって乳児ボツリヌス症にかかることがあります。
2. ハチミツは1歳未満の赤ちゃんにリスクが高い食品です。
3. ボツリヌス菌は熱に強いので、通常の加熱や調理では死にません。

　1歳未満の赤ちゃんにハチミツやハチミツ入りの飲料・お菓子などの食品は与えないようにしましょう。

http://www.mhlw.go.jp/stf/seisakunitsuite/bunya/0000161461.html

＜参考資料９＞　妊産婦のための食生活指針（２００６）

1　「妊産婦のための食生活指針」作成の基本的考え方について
　〇対象は、妊産婦とするが、妊娠前からの食生活の重要性が再認識されることも視野に入れて検討に取り組む。
　〇指針については、妊産婦の方々にとって具体的でわかりやすい内容とする一方で、保健医療従事者等の指導者が活用する際の参考となるよう、科学的根拠に基づき解説を加える。
　〇指針の骨格となる健康づくりのために望ましい食事については、「日本人の食事摂取基準（2005年版）」及び「食事バランスガイド」※を基本とし、「妊産婦のための食事バランスガイド」の提示に向けて検討を行う。
　　　※健康な成人が摂取すべきエネルギーや栄養素量に基づき、食事の望ましい組合せや量をわかりやすくイラストで示したものであり、平成17年に厚生労働省及び農林水産省で決定。
　〇妊娠期における望ましい体重増加については、各種調査研究結果から、非妊娠時の体格及び妊娠中の体重増加量と、出生児の体重及び妊娠高血圧症候群（妊娠中毒症）、帝王切開、分娩時大量出血などの状況との関連を分析し、検討を行うとともに、別途解説を加える。

2　「妊産婦のための食生活指針」の内容について
　〇指針については、妊産婦が注意すべき食生活上の課題を明らかにした上で、妊産婦に必要とされる食事内容とともに、妊産婦の生活全般、からだや心の健康にも配慮し、９項目から構成。
　〇健康づくりのために望ましい食事については、なにをどれだけ食べたらよいかをわかりやすくイラストで示した「食事バランスガイド」に、妊娠期・授乳期に付加すべき（留意すべき）事項を加えた「妊産婦のための食事バランスガイド」を作成。
　〇妊娠期における望ましい体重増加量については、「妊娠期の至適体重増加チャート」として、非妊娠期の体格区分別に「妊娠全期間を通しての推奨体重増加量」及び「妊娠中期から末期における１週間あたりの推奨体重増加量」を作成。

3　「妊産婦のための食生活指針」の普及啓発について
　〇保健医療従事者等の指導者向けに、解説を加えた報告書を作成するとともに、妊産婦の方々向けに、リーフレットを作成。
　〇これらについては、地方公共団体及び関係団体に送付するとともに、厚生労働省及び「健やか親子２１」等のホームページにおいて情報提供を行う。

<参考資料12> 乳児用調整粉乳の安全な調乳、保存及び取扱に関するガイドラインの概要（FAO／UNICEF共同作成）

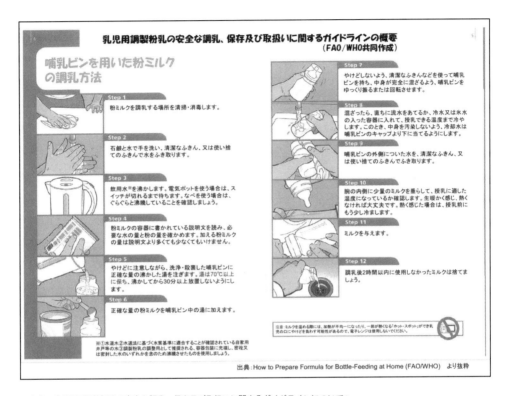

出典：「乳児用調整粉乳の安全な調乳、保存及び取扱いに関するガイドラインについて」
（平成21年2月25日付　厚生労働省雇用均等・児童家庭局母子保健課事務連絡）

2章
あわてず、ゆっくり離乳食

可野倫子

子どもと食べる楽しさを共有しましょう

　離乳食は子どもにとってはじめてのお食事、食べるということからお伝えしたいと思います。
　「食べることが楽しいですか？」
　大人でもこの問いかけに、いつでも「はい」と返事ができるとは限りません。それでは、食べることが楽しくない、食べたくない、食欲ないと感じる時はどんな時でしょう。

食べたくない、楽しくない、食が進まないのはどんな時？
◆体のことが原因？
　満腹だったからでしょうか？
　体に痛みがあったからでしょうか？
　便秘・下痢があったからでしょうか？
◆精神的な原因？
　心配事があったからでしょうか？
　怖い時、怒っていた時でしょうか？
　落ち込んでいる時でしょうか？
◆社会的な背景が原因？
　食べたいものが買えなかった？
　食べる時間やリズム（仕事などの関係）が合わない？
　食べる環境が合わない時？（空間、人など）

　子どもたちの食が進まない時も私たち大人と同様です。最も影響を与えているのはそばにいる人ですから、家族等が子どもたちの環境要因になっていることを忘れてはなりません。
　心身共に成長・発達する子どもの時期は、人生の中でもとても大事です。食べることを拒否してしまう子ども、そして、それに困ってしまう家族等がいると悲しくなります。そんな時は、子どもと子どもを取り巻く家族等に寄り添って話を聴くことから始めていきましょう。その上で、原因が見えてきたら、その原因にアプローチをしていきます。相談者のみでは抱えきれない原因のこともあります。

そんな時は支援者が連携して適切な支援をしていくことが大切です。

食べて生きて、自分を発見していく

　食べることは生きることであり、自分を発見することだということを、改めて理解しておきたいと思います。

　人は、食べることによって、いろいろと楽しいことを得ます。「お腹がすいたー！」という時、お水1杯でも何でもいいからちょっとお腹に入れると、「おいしい！」と思います。

　「おぎゃー！」と生まれてすぐにお腹がすいて、おっぱいに吸いついて乳汁を吸います。お腹がいっぱいになりました。そして安心感を得ます。

　次に、五感を使って外界を認識します。そして次第に、少しずつ情報を処理する能力が備わってきます。例えば私たちが食品を選ぶ時〝おいしそうだ〟とか、〝大きくて安い〟とか、頭で情報処理をして選んでいます。それは、目・鼻・口など五感から得た情報を頭で処理して、選択しているのです。子どもたちも五感で得た認識に、さらに伝達やトレーニングで得た認識を加えながら情報を処理していきます。また、人と一緒に食べる、好きな人と一緒に食べると、食事は楽しく、おいしいものです。その点では、日本は給食制度が整備されているので、諸外国に比べ、多くの人と食事をする機会が多いです。このような「食べる体験」は、「命をいただく」、「人との違いを知る」ということにもなります。

「食べることが楽しい」と感じたのは、どんな時？

　「食べることは楽しい」といえるのは、とても大切なことです。私たちは食べることで栄養を補給し、体をつくっています。そして心を豊かにしています。

　「おいしい」というのは、人それぞれの主観です。でもそのおいしさの背景には、ただ味がよいというだけではないものがあります。

　一番おいしいと感じた時は、どんな時だったでしょうか。

離乳食は食べる楽しさを知ることのスタート

　さて、離乳食の大事なポイントは何でしょうか。もちろんあとでまた詳しく触れますが、結論をいってしまうと、食べることの楽しさを赤ちゃんと共感できているかどうかです。

　離乳食は、健やかに育まれるための基礎づくりです。離乳食は食べる楽しさを知ることのスタートです。

赤ちゃんをよく見て、あわてずゆっくり

　離乳食でありがちな間違いは、栄養補給に必死になってしまって、赤ちゃんに「食べろ、食べろ」というような気持ちになることです。そして、早く大人と同じような固形物が食べられるようにと〝急いで〟しまうことです。

　大切なのは、「目の前の赤ちゃんをよく見る」こと。赤ちゃんとのコミュニケーションを大切にし、〝あわてず、ゆっくりサポート〟していくことです。

　最近のお母さんは、離乳食や子育てについても、インターネットなどでいろいろな情報を収集されています。中には、英文で書かれたものまでご覧になっている方もいます。「うちの子、この情報のように育っていないのですが」などと相談されることもあるのですが、「見るのは情報ではなくて、目の前にいるご自分のお子さんですよ」とお伝えしてから相談を始めています。

　目の前の赤ちゃんをよく見ること、あわてず、ゆっくりサポートすることの大切さを、繰り返し強調してお伝えしておきます。

1. 離乳とは、離乳食とは

　子どもが乳汁以外で、はじめて口にする食べものが離乳食です。はじめのひと口から自分で食事をとれるようになるまでには、子どもの消化能力、咀しゃくや嚥下、嗜好の発達、一緒に食べる人とのコミュニケーションなど、押さえておきたいことがいくつかあります。

離乳とは

　厚生労働省の「授乳・離乳の支援ガイド（2019年改定版）」では、「離乳とは、成長に伴い、母乳又は育児用ミルク等の乳汁だけでは不足してくるエネルギーや栄養素を補完するために、乳汁から幼児食に移行する過程」と定義され、さらに、「その時に与えられる食事を離乳食という」としています。そして、「この間に子どもの摂食機能は、乳汁を吸うことから、食物を噛みつぶして飲み込むことへと発達する。摂食する食品の量や種類が徐々に増え、献立や調理の形態も変化していく。また摂食行動は次第に自立へと向かっていく」と説明が加えられています。

離乳食の必要性

（1）エネルギーと栄養素の補給が必要
　乳児の成長・発達は著しく、生後5～6か月頃になると、水分の多い乳汁だけでは必要なエネルギーや栄養素を満たすことができなくなります。
　また、母乳の分泌量は次第に減少してきますので、発育する乳児の要求量に応じきれなくなります。
　母乳の栄養成分は、子どもの発育に必要な栄養素がすべてそろっているわけではありません。ですから、段階的に乳汁以外のものから、そう、食べものからも、エネルギーと栄養素を補給していく必要があるのです（図表1、2）。

図表1　月齢別の乳汁量とエネルギー量の目安

月齢	乳汁量	エネルギー摂取量	目標とするエネルギー量 (「日本人の食事摂取基準2020年版」)	
			男子	女子
0〜5か月	720〜1000mℓ	460〜650kcal	550kcal	500kcal
6〜8か月	1000mℓ	650kcal	650kcal	600kcal
9〜11か月	1000mℓ	650kcal	700kcal	650kcal

「日本人の食事摂取基準（2020年版）」（厚生労働省）をもとに作成

図表2　母乳や育児用ミルクの栄養量

エネルギーと主な栄養素	牛乳 (100mℓ)	母乳 (100mℓ)	乳児用調整粉乳 13%調乳液 (100mℓ)
エネルギー　（kcal）	67	65	67
たんぱく質　（g）	3.3	1.1	1.5
脂質　　　　（g）	3.8	3.5	3.6
炭水化物　　（g）	4.8	7.2	7.3
カルシウム　（mg）	110	27	49
鉄　　　　　（mg）	0.02	0.04	0.8
ビタミンK　（mg）	2	1	3.3
ビタミンB_1　（mg）	0.04	0.01	0.05
ビタミンB_2　（mg）	0.15	0.03	0.08
ビタミンC　（mg）	1	5	7

母乳、牛乳：文部科学省「日本食品標準成分表2015年版（七訂）」より作成
乳児用調製粉乳：アサヒグループ食品「レーベンスミルクはいはい」の成分組成（2016年11月現在）をもとに作成

（2）消化機能の増強

　生後5〜6か月頃になると、唾液や消化液の分泌液量が増してきます。乳汁以外のものを消化・吸収する準備ができて、歯も萌出し、少しずつ食べものを受け入れていくことで、消化機能も増強されていきます。

（3）摂食機能の発達を促す

　さらに摂食機能も発達してきます。生後5か月頃からは、食べものをなめらかにすりつぶし、嚥下できるようになります。徐々に舌でつぶせるもの、歯茎でつぶせるものを処理できるようになり、さらにかたいものを噛みつぶして飲み込むことができるようになって

いきます。

　こうした発達は、乳汁を与える中で自然に得ていけるものではありません。乳汁を「吸う」というのは、生まれた時から行える摂食機能ですが、「舌」や「歯茎」を使って摂食するように発達していくためには、それぞれの発達の時期に適した調理方法・調理形態の食べものを介助して与えることが必要です。そうすることによって、咀しゃく・嚥下機能の発達が促され、子どもは「舌」、「歯茎」の使い方を学びます。

（4）精神発達を促す

　子どもがはじめて食べものを口にするのが、「離乳食」です。子どもにとっては、毎回が新しい経験。少しずつ、いろいろな食べものと段階的に出会います。形も、かたさも、色も多様になってきます。

　介助者は、子どもの様子を見ながら、そして声をかけながら離乳食を進めていきます。そうすることによって、乳汁以外のいろいろな食物の味わい、におい、食感、形などで味覚、嗅覚、触覚、視覚などが刺激され、感覚機能の発達が促されていきます。

　そして、離乳の進行に伴い、家族と共に食卓を囲むこともできるようになります。ここから「一緒に食べる」ということ、人との関わりが増えることで、精神発達も促されていきます。最も身近なところから「社会参加」が始まります。

（5）食生活習慣と生活リズムが形成される

　離乳の各時期に適した食品の選択や調理法、食事時間、回数等により、望ましい食習慣が身につき、生活リズムも形成されてきます。離乳食は単に栄養補給のためのものではなく、発達段階に応じて、その時その時に適した離乳の進め方をしていくことによって、その子の食の習慣や生活のリズムを形成していくためのものでもあるのです。

子どもの栄養量について

　離乳の必要性の第一に「乳汁だけではエネルギー、栄養量が乳児の要求量に応じきれない」といいましたが、では栄養量は、どのくらい必要なのでしょうか。

　私たち日本人のエネルギー量、栄養量の目安となる指標として「日本人の食事摂取基準（2020年版）」（厚生労働省）を使います（**図表3～8**）。

　乳児及び幼児には、必要とされるエネルギーを過不足なく提供することが大切です。この時期に必要な栄養量を摂取していくためにも、離乳の必要性があることは前述させていただきました。

　なお、発育のアセスメントには、成長曲線（身体発育曲線）（**図表9**）を用います。体重や身長を計測し、成長曲線のカーブに沿っているか、体重増加が見られず成長曲線から大きく外れていっていないかなど、成長の経過を縦断的に観察していきます。

図表3　推定エネルギー必要量（kcal／日）

性別	男性			女性		
身体活動レベル[1]	Ⅰ	Ⅱ	Ⅲ	Ⅰ	Ⅱ	Ⅲ
0〜5（月）	—	550	—	—	500	—
6〜8（月）	—	650	—	—	600	—
9〜11（月）	—	700	—	—	650	—
1〜2（歳）	—	950	—	—	900	—
3〜5（歳）	—	1300	—	—	1250	—
6〜7（歳）	1350	1550	1750	1250	1450	1650
8〜9（歳）	1600	1850	2100	1500	1700	1900
10〜11（歳）	1950	2250	2500	1850	2100	2350
12〜14（歳）	2300	2600	2900	2150	2400	2700
15〜17（歳）	2500	2800	3150	2050	2300	2550
18〜29（歳）	2300	2650	3050	1700	2000	2300
30〜49（歳）	2300	2700	3050	1750	2050	2350
50〜64（歳）	2200	2600	2950	1650	1950	2250
65〜74（歳）	2050	2400	2750	1550	1850	2100
75以上（歳）[2]	1800	2100	—	1400	1650	—
妊婦（付加量）[3] 初期				+50	+50	+50
妊婦（付加量）[3] 中期				+250	+250	+250
妊婦（付加量）[3] 後期				+450	+450	+450
授乳婦（付加量）				+350	+350	+350

「日本人の食事摂取基準（2020年版）」（厚生労働省）より

1　身体活動レベルは、低い、ふつう、高いの三つのレベルとして、それぞれⅠ、Ⅱ、Ⅲで示した。
2　レベルⅡは自立している者、レベルⅠは自宅にいてほとんど外出しない者に相当する。レベルⅠは高齢者施設で自立に近い状態で過ごしている者にも適用できる値である。
3　妊婦個々の体格や妊娠中の体重増加量及び胎児の発育状況の評価を行うことが必要である。
注1：活用に当たっては、食事摂取状況のアセスメント、体重及びBMIの把握を行い、エネルギーの過不足は、体重の変化又はBMIを用いて評価すること。
注2：身体活動レベルⅠの場合、少ないエネルギー消費量に見合った少ないエネルギー摂取量を維持することになるため、健康の保持・増進の観点からは、身体活動量を増加させる必要がある。

図表4　たんぱく質の食事摂取基準
　　　　（推奨量、目安量：g／日、目標量：％エネルギー、（　）はおおよそのg／日）

性別	男性			女性		
年齢等	推奨量	目安量	目標量[1] ％エネルギー （g／日）	推奨量	目安量	目標量[1] ％エネルギー （g／日）
0〜5（月）	−	10	−	−	10	−
6〜8（月）	−	15	−	−	15	−
9〜11（月）	−	25	−	−	25	−
1〜2（歳）	20	−	13〜20 （31〜48）	20	−	13〜20 （29〜45）
3〜5（歳）	25	−	13〜20 （42〜65）	25	−	13〜20 （41〜63）
6〜7（歳）	30	−	13〜20 （50〜78）	30	−	13〜20 （47〜73）
8〜9（歳）	40	−	13〜20 （60〜93）	40	−	13〜20 （55〜85）
10〜11（歳）	45	−	13〜20 （73〜113）	50	−	13〜20 （68〜105）
12〜14（歳）	60	−	13〜20 （85〜130）	55	−	13〜20 （78〜120）
15〜17（歳）	65	−	13〜20 （91〜140）	55	−	13〜20 （75〜115）
18〜29（歳）	65	−	13〜20 （86〜133）	50	−	13〜20 （65〜100）
30〜49（歳）	65	−	13〜20 （88〜135）	50	−	13〜20 （67〜103）
50〜64（歳）	65	−	14〜20 （98〜130）	50	−	14〜20 （68〜98）
65〜74（歳）[2]	60	−	15〜20 （90〜120）	50	−	15〜20 （69〜93）
75以上（歳）[2]	60	−	15〜20 （79〜105）	50	−	15〜20 （62〜83）
妊婦（付加量） 　初期 　中期 　後期				+0 +5 +25	− − −	−[3] −[3] −[4]
授乳婦（付加量）				+20	−	−[4]

1　範囲に関しては、おおむねの値を示したものであり、弾力的に運用すること。
2　65歳以上の高齢者について、フレイル予防を目的とした量を定めることは難しいが、身長・体重が参照体位に比べて小さい者や、特に75歳以上であって加齢に伴い身体活動量が大きく低下した者など、必要エネルギー摂取量が低い者では、下限が推奨量を下回る場合があり得る。この場合でも、下限は推奨量以上とすることが望ましい。
3　妊婦（初期・中期）の目標量は、13〜20％エネルギーとした。
4　妊婦（後期）及び授乳婦の目標量は、15〜20％エネルギーとした。
＊「日本人の食事摂取基準（2020年版）」厚生労働省より
　目安量、推奨量、目標量（％エネルギー）を抜粋、目標量の上段に％エネルギーを、下段（　）内は、相当するおおよそのg／日を示しています。

図表5　脂質の食事摂取基準
（目安量：g／日、目標量：％エネルギー、（　　）はおおよそのg／日）

性別	男性		女性	
年齢等	目安量	目標量[1] ％エネルギー （g／日）	目安量	目標量[1] ％エネルギー （g／日）
0〜5（月）	50	—	50	—
6〜11（月）	40	—	40	—
1〜2（歳）	—	20〜30 (21〜32)	—	20〜30 (20〜30)
3〜5（歳）	—	20〜30 (29〜43)	—	20〜30 (28〜42)
6〜7（歳）	—	20〜30 (34〜52)	—	20〜30 (32〜48)
8〜9（歳）	—	20〜30 (41〜62)	—	20〜30 (38〜57)
10〜11（歳）	—	20〜30 (50〜75)	—	20〜30 (47〜70)
12〜14（歳）	—	20〜30 (58〜87)	—	20〜30 (53〜80)
15〜17（歳）	—	20〜30 (62〜93)	—	20〜30 (51〜77)
18〜29（歳）	—	20〜30 (59〜88)	—	20〜30 (44〜67)
30〜49（歳）	—	20〜30 (60〜90)	—	20〜30 (46〜68)
50〜64（歳）	—	20〜30 (58〜87)	—	20〜30 (43〜65)
65〜74（歳）	—	20〜30 (53〜80)	—	20〜30 (41〜62)
75以上（歳）	—	20〜30 (47〜70)	—	20〜30 (37〜55)

1　目標量の範囲は、おおむねの値を示したものである。
＊「日本人の食事摂取基準（2020年版）」（厚生労働省）の推定エネルギー必要量の各年齢の身体活動レベルIIをもとに脂質の目標量（％エネルギー）の範囲（20〜30％）の相当するおおよそのg／日を算出し整数で記していますが、最も正しい値を示すものではありません。掲載していない妊婦、授乳婦については年代の推定エネルギー必要量に妊婦（初期・中期・後期）、授乳婦の付加量を加算して算出します。目標量は、1歳以上のすべての年齢区分で20〜30％です。0〜5（月）、6〜11（月）は目安量です。

図表6　エネルギー産生栄養素バランス（％エネルギー）

目標量[1,2]（男女共通）				
年齢等	たんぱく質[3]	脂質[4]		炭水化物[5,6]
		脂質	飽和脂肪酸	
0～11（月）	―	―	―	―
1～2（歳）	13～20	20～30	―	50～65
3～5（歳）	13～20	20～30	10以下	50～65
6～14（歳）	13～20	20～30	10以下	50～65
15～17（歳）	13～20	20～30	8以下	50～65
18～49（歳）	13～20	20～30	7以下	50～65
50～64（歳）	14～20	20～30	7以下	50～65
65～75以上（歳）	15～20	20～30	7以下	50～65

「日本人の食事摂取基準（2020年版）」抜粋（厚生労働省）より

1　必要なエネルギー量を確保した上でのバランスとすること。
2　範囲に関しては、おおむねの値を示したものであり、弾力的に運用すること。
3　65歳以上の高齢者について、フレイル予防を目的とした量を定めることは難しいが、身長・体重が参照体位に比べて小さい者や、特に75歳以上であって加齢に伴い身体活動量が大きく低下した者など、必要エネルギー摂取量が低い者では、下限が推奨量を下回る場合があり得る。この場合でも、下限は推奨量以上とすることが望ましい。
4　脂質については、その構成成分である飽和脂肪酸など、質への配慮を十分に行う必要がある。
5　アルコールを含む。ただし、アルコールの摂取を勧めるものではない。
6　食物繊維の目標量を十分に注意すること。

図表7　食事摂取基準「食塩相当量」（g／日）

性別	男性		女性	
年齢等	目安量	目標量	目安量	目標量
0～5（月）	0.3	―	0.3	―
6～11（月）	1.5	―	1.5	―
1～2（歳）	―	3.0未満	―	3.0未満
3～5（歳）	―	3.5未満	―	3.5未満
6～7（歳）	―	4.5未満	―	4.5未満
8～9（歳）	―	5.0未満	―	5.0未満
10～11（歳）	―	6.0未満	―	6.0未満
12～14（歳）	―	7.0未満	―	6.5未満
15～75以上（歳）	―	7.5未満	―	6.5未満

「日本人の食事摂取基準（2020年版）」（厚生労働省）より、「ナトリウムの食事摂取基準」から食塩相当量を掲載。

図表8　鉄の食事摂取基準（mg／日）

性別	男性	女性	
		月経なし	月経あり
年齢等	目安量* 推奨量	目安量* 推奨量	目安量* 推奨量
0〜5（月）	0.5*	0.5*	－
6〜11（月）	5.0	4.5	－
1〜2（歳）	4.5	4.5	－
3〜5（歳）	5.5	5.5	－
6〜7（歳）	5.5	5.5	－
8〜9（歳）	7.0	7.5	－
10〜11（歳）	8.5	8.5	12.0
12〜14（歳）	10.0	8.5	12.0
15〜17（歳）	10.0	7.0	10.5
18〜29（歳）	7.5	6.5	10.5
30〜49（歳）	7.5	6.5	10.5
妊婦（付加量）初期		+2.5	－
妊婦（付加量）中期		+9.5	－
妊婦（付加量）後期		+9.5	－
授乳婦（付加量）		+2.5	－

「日本人の食事摂取基準（2020年版）」（厚生労働省）の目安量＊（0〜5か月児）と推奨量（6か月〜70歳以上）を抜粋して作表。

「日本人の食事摂取基準」とは

　健康増進法に基づき、厚生労働省がそれまで「国民栄養所要量」としていたものを2005年に「日本人の食事摂取基準」として策定しています。「健康な個人並びに集団を対象として、国民の健康の保持・増進、生活習慣病の予防のために参照するエネルギー及び栄養素の摂取量の基準を示すもの」です。5年毎に更新され、2020年版は2020年度から2024年度の5年間を使用期間とします。

図表3〜8に掲載した策定項目について

　標準体重域の者にとって適切なエネルギー量、及び栄養素量として推定エネルギー必要量、栄養素の推奨量（あるいは目安量）を参考にしました。本書では以下の4つを抜粋して掲載しています。食事摂取基準について詳細は厚生労働省のホームページをご覧ください。
- 推定エネルギー必要量：エネルギー出納（摂取量と消費量）が±0（ゼロ）となる確率が最も高くなると推定される習慣的な1日あたりのエネルギー摂取量。
- 推奨量：1日の必要量を満たすと推定される1日の摂取量。
- 目安量：一定の栄養状態を維持するのに十分な量（算定するのに十分な科学的根拠が得られなかったものを目安量としている）。
- 目標量：生活習慣病の一次予防を目的として、現在の日本人が当面の目標とすべき摂取量。

図表9　成長曲線　2010年調査値

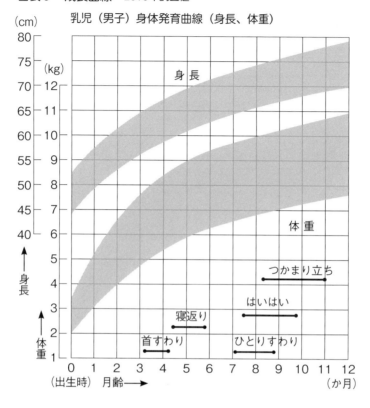

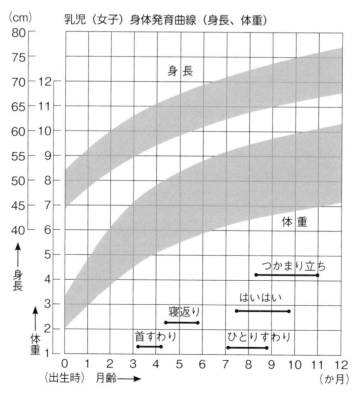

出典：厚生労働省平成22年乳幼児身体発育調査報告

離乳食、いつから始めていつ終わるの？

離乳食を「いつから始めてどのように進めていくか」目安となるのが、厚生労働省の「授乳・離乳の支援ガイド（2019年改定版）」による離乳食の進め方です。

離乳の開始とは「なめらかにすりつぶした状態の食物を初めて与えた時をいう」、「その時期は生後5～6か月頃が適当」と本ガイドには示されています。5か月未満では離乳食を始めませんが、6か月頃には開始しましょうということと理解してよいでしょう。

離乳開始時の乳児の発達の目安は、首のすわりがしっかりしていて、支えると座れること、食べものに興味を示し、スプーンを口の中に入れても押し出すことが少なくなる頃です。

始める前に子どもをよく見ましょう

ここまでお伝えすると、「生後5か月になったから始めよう」と、カレンダーに「〇ちゃんの離乳食スタート日と書いておこう」と思っている方はいませんか。

何事も計画が大切とはいうものの、主役は目の前の子どもです。彼ら、彼女らが乳汁以外の食べものを知るための大切な時期のスタートです。

子どもたちの負担とならず、楽しくスタートするためのコツを、ふたつお伝えしましょう。

はじめに準備として、子どもの「空腹と満腹のリズム」を形成しましょう。お腹がいっぱいではどんなにおいしい食事でも受け入れる、つまり食べる気にはなりません。お腹がすいていることがポイントになります。そのためには、授乳時間を4時間おきに調整しておくとよいでしょう。

そして、もうひとつ、最も大切なことは、離乳の開始の月齢になったからと、飛びついて始めないことです。「そろそろ離乳食かな……」という頃、主役の子どもの体調、様子はどうでしょうか。健康体であることが大切です。

なお、早産児の場合は修正月齢の5～6か月に離乳食を開始します。修正月齢とは実際に生まれた日からの月齢ではなく、出産予定

図表10 咀しゃく機能の発達の目安について

新生児期〜　哺乳反射*によって、乳汁を摂取する。
　　　　　　*哺乳反射とは、意思とは関係ない反射的な動きで、口周辺に触れた
　　　　　　ものに対して口を開き、口に形のある物を入れようとすると舌で押し
　　　　　　出し、奥まで入ってきたものに対してはチュチュと吸う動きが表出さ
　　　　　　れる。

5〜7か月頃　哺乳反射は、生後4〜5か月から少しずつ消え始め、生後6〜7
　　　　　　か月頃には乳汁摂取時の動きもほとんど乳児の意思（随意的）に
　　　　　　よる動きによってなされるようになる。

哺乳反射による動きが少なくなってきたら、離乳食を開始

離乳食の開始
- ◆ 口に入った食べものをえん下（飲む込む）反射が出る位置まで送ることを覚える

〈支援のポイント〉
- 赤ちゃんの姿勢を少し後ろに傾けるようにする。
- 口に入った食べものが口の前から奥へと少しずつ移動できるなめらかにすりつぶした状態（ポタージュぐらいの状態）

7,8か月頃
- ◆ 口の前の方を使って食べものを取りこみ、舌と上あごでつぶしていく動きを覚える

〈支援のポイント〉
- 平らなスプーンを下くちびるにのせ、上くちびるが閉じるの待つ。
- 舌でつぶせる固さ（豆腐ぐらいが目安）。
- つぶした食べものをひとまとめにする動きを覚えはじめるので、飲み込みやすいようにとろみをつける工夫も必要。

乳歯が生え始める
（萌出時期の平均）
下：男子8か月±1か月
　　女子9か月±1か月
上：男女10か月±1か月

上あごと下あごがあわさるようになる

9〜11か月頃
- ◆ 舌と上あごでつぶせないものを歯ぐきの上でつぶすことを覚える

〈支援のポイント〉
- 丸み（くぼみ）のあるスプーンを下くちびるの上にのせ、上くちびるが閉じるのを待つ。やわらかめのものを前歯でかじりとらせる。
- 歯ぐきで押しつぶせる固さ（指でつぶせるバナナぐらいが目安）。

*前歯が生えるにしたがって、前歯でかじりとって1口量を学習していく。

前歯が8本生え揃うのは、1歳前後

12〜18か月頃
- ◆ 口へ詰め込みすぎたり、食べこぼしたりしながら、一口量を覚える
- ◆ 手づかみ食べが上手になるとともに、食具を使った食べる動きを覚える

〈支援のポイント〉
- 手づかみ食べを十分にさせる。
- 歯ぐきでかみつぶせる固さ（肉だんごぐらいが目安）。

奥歯（第一乳臼歯）が生え始める
（萌出時期の平均）
上：男女1歳4か月±2か月
下：男子1歳5か月±2か月
　　女子1歳5か月±1か月

※奥歯が生えてくるが、かむ力はまだ強くない。

奥歯が生え揃うのは2歳6か月〜3歳6か月頃

（参考文献）
1) 向井美惠編著.乳幼児の摂食指導.医歯薬出版株式会社.2000
2) 日本小児歯科学会.日本人小児における乳歯・永久歯の萌出時期に関する調査研究.小児歯科学雑誌 1988;26(1):1-18.

出典：「授乳・離乳の支援ガイド（2007年版）」p46　厚生労働省

日を基準にした月齢のことです。例えば、出産予定日より2か月早く生まれた場合、生後7か月の時点で修正月齢5か月頃が目安となります。また、低体重で出生した子どもの場合も離乳開始の頃になったら、医師と相談することをお勧めします。

離乳の開始時期として示されているのは目安です。主役である目の前の子どもをよく見て、子どもが楽しく食事ができるように始めていきましょう。

離乳食の進め方

離乳食は乳汁だけ飲んでいた子どもが、大人と同じものを噛んで食べられるようになるためのトレーニングの時期です。

子どもにとっては必要な食べものを母親等の手から食べることから始まり、やがて自らの手を使って食べられるようになるための時期であり、母親等にとっては子どもにいろいろな食べものを与え、母親等と同じ食生活ができるようサポートする時期です。

はじめのひと口は、飲み込みやすく消化のよいものから始めます。そこから1日1日、いろいろな食べものとの出会いを積み重ね、母親等と同じように「ごはん、汁物、おかず」という一膳の食事形態を学んでいきます。楽しく食べる子どもへ、そして、子どもの「食べる力」を育むためのサポートを、子どものペースに合わせて進めていきましょう。

開始した時（離乳初期：生後5か月～6か月頃）

離乳を開始しました。離乳食は1日1回、ひとさじずつから始めます。母乳や育児用ミルクは飲みたいだけ与えます。

図表11　離乳食開始時期の目安

	1回の量の目安
スタート週	1～2日目／ひとさじ量　　3～4日目／2さじ量 5～6日目／3さじ量　　　7日目／4さじ量
2週目	8～10日目／4さじ量　　11～14日目／5さじ量
3週目	15日目～／6さじ量
4週目	開始からひと月近くなる頃、子ども（赤ちゃん）用茶碗1杯

この頃は、口に入ったものを舌で前から後ろに送り込む食べ方ができるようになる時期。子どもは、口の中に食べものを取り込み、飲み込める位置まで運ぶ練習をしています。

　食べさせる時は、スプーンの先端部分に食べものをすくい、それを下唇に軽くのせて、上唇で取り込むのを待ちます。口を閉じたらスプーンを水平に引き抜きます。もし、口を閉じない場合は、軽く下あごを押して閉じるのを促します。

　スプーンを上唇や上あごに押しつけると、練習にならないので気をつけましょう。

　1日1回、ひとさじではお腹がすくのではないか、いつまで1種類をひとさじなのかなどと聞かれます。1回量の目安については**図表12**を参考にしてみてください。開始時の頃から少しずつ量、種類を増やしていきます。ひとさじ量の目安は小さじ1＝5mlです。

開始後1か月の頃（離乳中期：生後7か月〜8か月頃）

　離乳を開始して1か月を過ぎた頃（生後7〜8か月頃）から、離乳食は1日2回にしていきます。母乳または育児用ミルクは1日に3回程度与えます。この頃から舌でつぶせるかたさのものを与えます。

　食べ方は、舌、あごの動きは前後から上下運動へ移行、それに伴って口唇は左右対称にひかれるようになります。

　食べさせ方は、食べものを平らな離乳食用のスプーンの先に置き、下唇にのせ、食べものを取り込んで上唇が閉じるのを待ちます。とり込んだあとは、スプーンを水平に引き抜きます。子どもがモグモグを数回繰り返します。お口の中が空になったら、次のひとさじを与えましょう。

　なお、スプーンは舌の真ん中より奥まで入れないように。奥まで入れてしまうと、食べものを取り込むことができず、むせてしまいますので気をつけてください。

生後9か月の頃から（離乳後期：生後9か月〜11か月頃）

　そして生後9か月頃から、離乳食は1日3回にし、歯茎でつぶせるかたさのものを与えます。離乳食とは別に、母乳は子どもの欲するままに、育児用ミルクは1日2回程度与えます。

図表12　離乳の進め方の目安

		離乳の開始　→　離乳の完了			
		以下に示す事項は、あくまでも目安であり、子どもの食欲や成長・発達の状況に応じて調整する。			
		離乳初期 生後5〜6か月頃	離乳中期 生後7〜8か月頃	離乳後期 生後9〜11か月頃	離乳完了期 生後12〜18か月頃
食べ方の目安		○子どもの様子をみながら1日1回1さじずつ始める。 ○母乳や育児用ミルクは飲みたいだけ与える。	○1日2回食で食事のリズムをつけていく。 ○いろいろな味や舌ざわりを楽しめるように食品の種類を増やしていく。	○食事リズムを大切に、1日3回食に進めていく。 ○共食を通じて食の楽しい体験を積み重ねる。	○1日3回の食事リズムを大切に、生活リズムを整える。 ○手づかみ食べにより、自分で食べる楽しみを増やす。
調理形態		なめらかにすりつぶした状態	舌でつぶせる固さ	歯ぐきでつぶせる固さ	歯ぐきで噛める固さ
1回当たりの目安量					
Ⅰ	穀類（g）	つぶしがゆから始める。 すりつぶした野菜等も試してみる。 慣れてきたら、つぶした豆腐・白身魚・卵黄等を試してみる。	全がゆ 50〜80	全がゆ 90〜軟飯80	軟飯80〜 ご飯80
Ⅱ	野菜・ 果物（g）		20〜30	30〜40	40〜50
Ⅲ	魚（g）		10〜15	15	15〜20
	又は肉 （g）		10〜15	15	15〜20
	又は豆腐 （g）		30〜40	45	50〜55
	又は卵 （個）		卵黄1〜 全卵1／3	全卵1／2	全卵1／2〜 2／3
	又は乳製品（g）		50〜70	80	100
歯の萌出の目安			乳歯が生え始める。	1歳前後で前歯が8本生えそろう。	離乳完了期の後半頃に奥歯（第一乳臼歯）が生え始める。
摂食機能の目安		口を閉じて取り込みや飲み込みが出来るようになる。	舌と上あごで潰していくことが出来るようになる。	歯ぐきで潰すことが出来るようになる。	歯を使うようになる。

※衛生面に十分に配慮して食べやすく調理したものを与える

出典「授乳・離乳の支援ガイド（2019年改定版）」p34　厚生労働省

食べ方は、舌で食べものを歯茎の上にのせられるようになるため、歯や歯茎でつぶすことができるようになります。口唇は左右非対称の動きとなり、噛んでいる方向に寄っていく動きが見られます。

食べさせ方は、丸み（くぼみ）のある離乳食用のスプーンで下唇にのせ、上唇が閉じるのを待ちます。やわらかめのものを前歯でかじり取ることができるようになります。

まだかたいものを歯茎でつぶして食べることはできません。口から食べものを出す時はかたすぎることが多いので、かたさの確認をしてみましょう。

また、この頃から、自分から手を出して食べようとします。手づかみ食べの始まりです。自ら手に取って口に運ぶようになります（前歯で自分のひと口に合った量を噛み取る練習にもなります）。手づかみ食べしやすいように、ごはんはおにぎりに、野菜はスティック状（ゆで）にするなど工夫をしてみましょう。

いろいろな食べものの形や感触を手指で確かめ、覚えることは、食べものへの関心につながり、ここから自分の意志で食べようという行動が育ってきます。

1歳過ぎの子どもの発育及び発達にとって重要なので、手づかみ食べはこの時期から積極的に子どもに行わせたい行動です。

離乳の完了の頃（離乳完了期：生後12か月〜18か月頃）

12〜18か月頃になると、生活のリズムができてきます。そして、上下の切歯、奥歯（第一小臼歯）も生えてきて、形のある食べものを噛みつぶすことができるようになります。

離乳の完了とは、形のある食べものを噛みつぶすことができるようになり、エネルギーや栄養素の大部分が、乳汁以外の食べものからとれるようになった状態です。母乳または育児用ミルクを飲まなくなった状態を意味するものではありません。食事は1日3回の食事と、それだけでは栄養量も不足してきますので、栄養を補うために1〜2回の間食を目安とします。

食べ方は、手づかみ食べで前歯で噛み取る練習をして、ひと口量を覚え、やがて食具を使うようになって、自分で食べる準備をしていきます。この頃にはコップを使えるようになります。少しずつ哺乳びんからコップに切り替えていきます。

また、手づかみ食べで食べる意欲を引き出すと共に、家族等との食事の中で子どもの言動を見守りながら、「お味はいかが？」、「どれから食べる？」など、食べることに興味・関心を持つような会話の工夫をしていきます。

段階を一歩進めるには

　離乳には各段階があります。次の段階へ進んでもよいかなと思った時には、献立の中に次の段階のメニューを一品加えてみるとよいでしょう。離乳は子どものペースを尊重して、ゆるやかに進めていきましょう。食具の使い始めでも同様のことがいえます。手づかみ食べ全盛期、スプーンを渡しても持たなかった子どもが、テーブルにそっと添え続けておいたところ、ある時、スプーンの存在に気づき、使い始めるということがあります。

「完了」──でも安心しないで！

　咀しゃく機能の獲得は3歳頃までかかります。

　ここまでですでにお気づきの通り、離乳は目の前の子どもの発達段階に適した進め方をします。

　完了となると一安心してしまいがちですが、咀しゃく機能は、奥歯が生えるに伴い乳歯の生えそろう3歳頃までに獲得されていきます。離乳完了したからといって、何でも食べられるというのではありません。自分で楽しく食べることができるようになるためには、これ以降の咀しゃく機能の状態もしっかり見守っていくことが大切です。

開始の前に注意しておきたい食品について

　離乳の開始前に乳汁以外の味に慣らすことやスプーンに慣らすことを目的として、果汁[1]やイオン飲料[2]を与えることに栄養学的意味は認められませんし、必要性はありません。また、はちみつは、乳児ボツリヌス症[3]予防のために満1歳までは使いません。

　はじめてのお食事、楽しくスタートしていくために、食品の種類と組み合わせは離乳の進行に応じて進めていきましょう。

食品の種類と進め方

　おかゆ（米）から始めます。新しい食品を始める時は離乳食用のスプーンでひとさじずつ与え、乳児の様子を見ながら量を増やしていきましょう。慣れてきたら、（ゴックンが上手になった頃から）、じゃがいもやにんじん等の野菜、果物、さらに豆腐、白身魚、かたゆでした卵黄など、種類を増やしていきます。

　野菜はもちろん加熱したものです。生の野菜は離乳完了頃を目安にしましょう。果物は初期の頃から食べさせることができます。そのまま生の状態で食べさせても問題はありませんが、加熱することで食べやすくなります。また果物の食物アレルギーの予防になるので、様子を見て加熱してもよいでしょう。なお、果物には糖分があ

1　果汁について：「授乳・離乳の支援ガイド（2007年版）」では「果汁の摂取によって、乳汁の摂取量が減少すること、たんぱく質、脂質、ビタミン類や鉄、カルシウム、亜鉛などのミネラル類の摂取量低下が危惧されること、また乳児期以降における果汁の過剰摂取傾向と低栄養や発育障害との関連が報告されており、栄養学的な意義は認められていない」と記されています。

2　イオン飲料について：イオン飲料の大量摂取による乳幼児のビタミンB_1欠乏が報告されています。授乳期及び離乳期を通して基本的に摂取の必要はなく、必要な場合は医師の指示に従うことが大切です。

3　乳児ボツリヌス症とは：生後3週間から6か月くらいの乳児に多く、ボツリヌス菌に汚染されたはちみつを与えると口から菌が入り腸内で毒素を出し発症。初期の症状として便秘、活気がない、哺乳不良、泣き声が弱い、さらに筋緊張性低下、よだれが多い、首のすわりが悪くなるなど。重症になると呼吸困難や呼吸停止になることもあります。日本ではじめての死亡例は、2017年春に発生しました。生後6か月の乳児に1日2食ほど、離乳食にはちみつを混ぜて与えていたとのこと、残念です。

ります。少量から始め、1日に1回、1種類を目安にしましょう。

離乳が進むにつれ、魚は白身魚から赤身魚、青皮魚へ、卵は卵黄から全卵へと進めていきます。食べやすく調理した脂肪の少ない肉類、豆類、各種野菜、海藻と種類を増やしていきます。脂肪の多い肉類は少し遅らせましょう。野菜類は緑黄色野菜も使っていきます。ヨーグルトや塩分や脂肪の少ないチーズも使用できます。が、牛乳を飲用として与えるのは、鉄欠乏性貧血の予防のためにも1歳過ぎてからにしましょう。

離乳食に慣れ、1日2回食になる頃には穀類、野菜・果物、たんぱく質性食品を組み合わせます。また、家族の食事から調味する前のものを取り分けたり、うす味のものを適宜取り入れたりして、食品の種類や調味の方法が多様になるような食事内容とします。

母乳育児の場合で留意したい鉄欠乏やビタミンD欠乏

図表13、14は鉄やビタミンDを多く含む食品です。

生後6か月以降、母乳栄養の場合は鉄が不足しやすいため月齢に応じて赤身の魚や肉、レバー、卵、大豆、貝類等を取り入れます。調理素材として、月齢に応じて牛乳・乳製品のかわりに育児用ミルクやフォローアップミルク[4]を使用する等の工夫をします。

参考に、フォローアップミルクの成分を図表15で示しました。

また、母乳栄養の場合、鉄だけでなく、ビタミンD欠乏の増加の指摘[5]があり、適切な時期に離乳を開始し、鉄やビタミンDの供給源となる食品を積極的に取り入れることが重要です。

食べものには、形態や風土によってそれぞれ特徴があり、含まれている栄養素も特徴があります。いろいろな食べものを組み合わせることで、それぞれの食べものが栄養を補い合い、微量な栄養素も摂取することができます。そして、このような多様な食べものからなる食事が、私たちの体をつくっているのです。必要量を自然の恵みからいただくことで、食べる楽しみも育まれていくのではないでしょうか。

---

4 フォローアップミルク:母乳の代替え食品ではなく、離乳が順調に進んでいる場合は摂取する必要はありません。離乳が順調に進まない、鉄欠乏のリスクが高い場合や適当な体重増加がみられない場合、医師に相談した上で、必要に応じて活用します。
5 ビタミンD欠乏の増加の指摘:ビタミンD欠乏はビタミンD摂取不足のほか、日光照射不足も挙げられています。

図表13 鉄を多く含む食品

食品名 (含まれる鉄の種類)	1回分の食品量 (g)	鉄含有量 (mg)
鶏レバー	15	1.35
納豆	1.5	0.94
卵黄	15	0.90
牛ひき肉	15	0.87
きなこ	5	0.46
ほうれんそう	15	0.30

「食べもの文化」2018年2月号特集「赤ちゃんの鉄不足」より一部引用

図表14 ビタミンDを多く含む食品

食品名		ビタミンD含有量（μg）
鮭　生	1切れ（可食部80g）	25.6
いわし　生	1尾（可食部60g）	19.2
さんま　生	1尾（可食部80g）	12.6
かれい　生	1切れ（可食部50g）	6.5
ぶり　生	1切れ（可食部80g）	6.4
しらす　半乾燥品	大さじ1（5g）	3.1
卵	1個（可食部50g）	0.9
まいたけ	30g	1.5
きくらげ　乾	2g	1.7
干ししいたけ	2枚（4g）	0.5

「食べもの文化」2019年3月号特集「ビタミンDと紫外線で骨太の子に」より一部引用

図表15 母乳・牛乳・育児用ミルク・フォローアップミルクの成分比較
（調乳時100mℓ当たり）

成　分	エネルギー (kcal)	たんぱく質 (g)	脂質 (g)	炭水化物 (g)	灰分 (g)	カルシウム (mg)	鉄 (mg)
母乳	65	1.1	3.5	7.2	0.2	27	0.04
牛乳	67	3.3	3.8	4.8	0.7	110	0.02
乳児用調製粉乳 （13.5％調乳液）	68	1.5	3.5	7.8	0.3	51	0.81
フォローアップミルク （14％調乳液）	65	2.1	2.5	8.4	0.6	95	1.26

母乳、牛乳：文部科学省「日本食品標準成分表2015年版（七訂）」より作成
乳児用調製粉乳：明治「明治ほほえみ」の成分組成より作成
フォローアップミルク：明治「明治ステップ」の成分組成より作成

離乳食作りで気をつけたいこと（調理形態・方法など）

①衛生的で安全であること

　乳児は細菌に対する抵抗力が弱いことを、忘れないでください。

　離乳食は水分が多く、うす味で栄養価が高いので細菌に汚染されやすく傷みやすいため、新鮮な食品を衛生的に取り扱うこと。

　調理する者は健康に留意し、手指、調理器具、食器の清潔を保ちます。そして調理の際は、加熱が必要なものは十分に火を通し、調理後は時間を置かずに与えることが大切です。

②咀しゃく、消化吸収しやすい調理形態

　乳児の消化器は未発達です。調理法、分量は月齢や発達段階に合わせたかたさ、大きさ、粘度を考慮しましょう。

　離乳を開始した頃は、調味料の必要はありません。素材そのものの味を伝えていきましょう。進行に応じて調味する場合は、うす味を基本とします。

③栄養バランスに配慮する

　離乳開始1か月を過ぎた頃からは、いろいろな食品を組み合わせることで、栄養バランス（**図表16**）に配慮しましょう。また調理法は、進行に応じて必要量を摂取できるよう変化を持たせると共に、食体験も豊かになるよう進めていきましょう。

　例えば、下の（ア）から（ウ）をバランスよく組み合わせるとよいでしょう。

（ア）主食：エネルギー源となる食物のことで、ごはん、パン、めん類などがあります。

（イ）主菜：主にたんぱく質源（肉類・魚介類・卵類・大豆等）を使用した料理、脂肪の少ない豆腐から始めましょう。

（ウ）副菜：主にビタミン、ミネラル、食物繊維源となる野菜を使った料理や果物、きのこや海藻など。

離乳食作りも栄養バランスもゆったり気分で

「離乳食を作るのは緊張する」、「料理できない」、「不安」、「手作りは無理」という声をよく聞きます。子どもと一緒にゆっくり、食べること、育つことを楽しんでいただきたいと思います。

栄養バランスについても、毎回の食事でバランスをとろうと考えないことがポイントです。2～3日の中で、バランスがとれているようにしましょう。

また、毎食、「主食、主菜、副菜」の一膳にしなくてもいいのです。いろいろな食材の特徴を理解して組み合わせることを心がけていきましょう。

大人の食事の取り分け

離乳食に慣れてきた頃の7～8か月くらいからは、大人の食事からの取り分けも可能になります。その際に気をつけていただきたい点を、お伝えしましょう。

①食べやすい食材を選ぶ→歯茎でつぶせるものにすること。つぶせないような肉、貝類などは取り分けてはいけません。

②大人用の味つけをする前に取り出して調味する→うす味が基本です。炒め物は蒸し煮にするなど。市販の惣菜は味つけが濃く、脂質も多いため使えません。

③かたさや大きさを工夫→取り分けてやわらかく煮ます。とろみを

図表16　栄養バランス

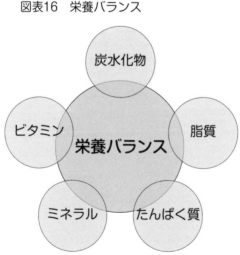

つけるなどの工夫をします。

ベビーフードについて（本文p39参照）

　私たちの生活も多様化しており、忙しい養育者にとっては「ベビーフード」は便利なものだと思います。
　ドラッグストアの赤ちゃんのコーナーに、月齢別にたくさんの種類のベビーフードが並んでいることに驚かされます。
　ベビーフードの種類にはドライタイプ（粉末の製品に水や湯を加えて用いる）とウェットタイプ（調理完成品としてそのまま与えられるレトルトや瓶詰）があります。
　品質としては、うす味で月齢に合わせた粘度、かたさ、味、粒の大きさが調整されています。栄養表示がなされているため栄養評価もしやすく、衛生的です。

ベビーフードを利用する時に気をつけたいこと
○　子どもの月齢に合ったものを選ぶ
　➡提供する前にひと口食べてみる。
○　用途に合わせて選ぶ
　➡素材の下ごしらえしたもの、献立に１品増やす、外出で利用する、栄養素の補給で利用。
○　料理名や食材が偏らないようにする
　➡主食、主菜、副菜とバランスを考え、果物や乳製品等を補う。
○　開封後の保存には十分気をつける
　➡食べ残し、作りおきは与えない。

離乳食は「食べる楽しさを知る」ことのスタート

　私たちは食べることで栄養を補給し、体をつくり、心を豊かにしています。
　目の前の赤ちゃんを見てください。赤ちゃんとのコミュニケーションを大切に、あわてず、ゆっくり赤ちゃんと「食べることの楽しさ」を共感していきましょう。

2．離乳食について　Q&A

❶　丸のみしている子
　離乳完了期に「丸のみ」している子がいます。どのような支援をしたらいいでしょうか。

　1歳前後になると噛まずに「丸のみする」はよくあります。
　奥歯の生え方はどうですか。前歯で噛み切ったものを歯茎でつぶせるようになると、少しかたさのあるものを食べられるようになりますが、奥歯が生えていない場合、上手に噛めないため、食べることに一生懸命になって、大きな口をあけて飲み込んでしまうのでしょう。そんな子どもには、次のような試みがよいかもしれません。
○　やわらかく煮た野菜を、少し大きめに切って食べさせてみる。
○　かたさの違う食材を混ぜ合わせてみる。
　例えば、豆腐にひき肉を混ぜて豆腐ハンバーグにしたり、細かく切った野菜を卵焼きに混ぜたり、白ごはんに麦を入れたりなど、使える食材も段階的に増えてきますので、目の前の子どもの口の発達に合わせて、様子を見ながら進めていきましょう。

❷　口の中につめ込む子
　口の中にポンポンと入れて、つめ込んでしまう子の支援はどうしたらいいでしょうか。

　噛む習慣がまだできていないと、食べものを口につめ込んで食べきれない場合がありますね。目の前に置く食べものの量を、調節していきましょう。口の中に食べものがなくなったら、次のものを食べることを伝えます。その時に「お口の中でモグモグ、カミカミしようね」と声をかけ、一緒に食べると、噛むことに興味を持ちます。モグモグ、カミカミしていたら「上手にできてる」とほめてあげましょう。ゆっくり、一緒に楽しむことが大切です。

❸ 好き嫌い

好き嫌いが出てきた子への対応は、どうしたらいいでしょうか。

1歳頃になると「好き」「嫌い」が出てきます。原因のひとつは、子どもの味覚は未発達ということです。苦味のある野菜は苦手の子が多いです。

また、誕生から1歳頃まで、子どもにとって楽しい食事だったかどうかも好き嫌いに影響することがあります。お腹がすいていないのに食べさせられた、体調が悪いのに食べさせられたといったことや、身近にいる大人の好き嫌いなど、環境的な要因から嫌いになってしまったかもしれません。

まずは身近にいる大人たちが「おいしいね」と言って、食べている姿を見せてあげることも大切です。「これは、おいしいぞ〜」、「おいしいね」などの声かけをしてみましょう。そして、一生懸命食べたら、思いっきりほめてあげましょう。

❹ 冷凍した離乳食——栄養に問題はない？

冷凍の離乳食（手作り）を与えてよいかと相談されましたが、栄養学的に問題はないでしょうか。

栄養学的には特に問題はありませんが、衛生面はどうでしょう。

離乳食を作った直後に冷凍しているのかどうか。また、気になるのは解凍時の雑菌の混入です。たんぱく質源のあるものはお勧めできません。冷凍するのはおかゆや野菜類にとどめ、かつ大量に冷凍保存するのは避けましょう。冷凍保存は、食事2回分の量ぐらいまでにするとよいと思います。

3章
保育園での離乳食の進め方

ふきのとう保育園
鈴木ゆかり

4月 離乳食献立表

ふきのとう保育園

日時	曜日	初期食 午前食 おかゆは重湯～10倍がゆ （味つけなし）	中期食 午前食	後期食 午前食 おかゆは 7倍がゆ～5倍がゆ
2 16	月	おかゆ 玉ねぎ小松菜ペースト	おかゆ・玉ねぎみそスープ ささみ煮・野菜煮（大根・小松菜）	おかゆ（軟飯）・玉ねぎみそ汁 ささみ煮・野菜煮（大根・小松菜）
3 17	火	おかゆ にんじんペースト	おかゆ・かぶ長ねぎスープ 豆腐煮・野菜煮（大根・にんじん）	おかゆ（軟飯）・かぶ長ねぎスープ 豆腐煮・野菜煮（大根・にんじん）
4 18	水	おかゆ かぼちゃペースト	おかゆ・キャベツみそスープ 白身魚煮・野菜煮（かぶ・チンゲンサイ）	おかゆ（軟飯）・キャベツみそ汁 白身魚煮・野菜煮（かぶ・チンゲンサイ）
5	木	おかゆ じゃがいもペースト	おかゆ・白菜スープ ささみ煮・野菜煮（じゃがいも・玉ねぎ）	おかゆ（軟飯）・白菜スープ 豚ひき煮・野菜煮（じゃがいも・玉ねぎ）
19	木	おかゆ じゃがいもペースト	おかゆ・ほうれんそうスープ ささみ煮・野菜煮（にんじん・玉ねぎ）	おかゆ（軟飯）・ほうれんそうスープ 肉団子煮・野菜煮（にんじん・玉ねぎ）
6 20	金	おかゆ さつまいもペースト	おかゆ・わかめスープ ツナ煮・野菜煮（にんじん）	おかゆ（軟飯）・わかめスープ ツナ煮・野菜煮（にんじん・もやし）
7 21	土	おかゆ 大根にんじんペースト	おかゆ・大根と長ねぎのみそスープ 豆腐煮・野菜煮（にんじん・かぼちゃ）	おかゆ（軟飯）・大根と長ねぎのみそ汁 豆腐煮・野菜煮（にんじん・かぼちゃ）
9 23	月	おかゆ じゃがいもペースト	おかゆ・じゃがいもみそスープ 白身魚煮・野菜煮（小松菜・かぶ）	おかゆ（軟飯）・じゃがいもみそ汁 白身魚煮・野菜煮（小松菜・かぶ）
10 24	火	おかゆ にんじんペースト	おかゆ・豆腐と長ねぎのみそスープ ささみ煮・野菜煮（にんじん・白菜）	おかゆ（軟飯）・豆腐と長ねぎのみそ汁 肉団子煮・野菜煮（にんじん・白菜）
11 25	水	おかゆ かぶペースト	おかゆ・かぶスープ 大豆煮・野菜煮（玉ねぎ・小松菜）	おかゆ（軟飯）・かぶスープ 大豆煮・野菜煮（玉ねぎ・小松菜）
12 26	木	おかゆ にんじんブロッコリーペースト	おかゆ・わかめスープ しらす煮・野菜煮（にんじん・ブロッコリー）	おかゆ（軟飯）・わかめスープ しらす煮・野菜煮（にんじん・ブロッコリー）
13 27	金	おかゆ 大豆ペースト	おかゆ・玉ねぎのみそスープ ささみ煮・野菜煮（じゃがいも・にんじん）	おかゆ（軟飯）・玉ねぎのみそ汁 ささみレバー煮・野菜煮（じゃがいも・にんじん）
14 28	土	おかゆ 大根ペースト	おかゆ・大根大豆スープ 高野豆腐煮・野菜煮（小松菜・にんじん）	おかゆ（軟飯）・大根大豆スープ 高野豆腐煮・野菜煮（小松菜・にんじん）

【午前食・午後食について】

午前食は午前10時頃から初期食を中心に始めますが、朝食べてきた（ミルクを飲んできた）時間を見ながら食べる順番を決めます。3人の保育士が1対1で食べさせていきます。

午後も14時頃から食べ始めますが、午前食の様子を見ながら食べる順番を決めます。春は14時頃に配膳しますが、月齢が上がる秋過ぎからは遊ぶ時間が増えるため、午前食の時間が遅くなり、それに伴い午後食も14時半から14時45分になります。

● 入園おめでとうございます

ふきのとう保育園へようこそ！　これからたくさんの《はじめて》を体験していきますね。
ごはんの部屋では、お友達のはじめての食事のサポートをしていきます。分からないこと、困ったことなど食事に関する悩みや相談がありましたら、気軽にごはんの部屋に来てください♪

中期食　午後食	後期食　午後食
おかゆ・キャベツスープ しらす煮・野菜煮（にんじん・白菜）	おかゆ（軟飯）・キャベツスープ しらす煮・野菜煮（にんじん・白菜）
おかゆ・わかめみそスープ ささみ煮・野菜煮（ブロッコリー・さつまいも）	おかゆ（軟飯）・わかめのみそ汁 豚ひき肉煮・野菜煮（ブロッコリー・さつまいも）
おかゆ・かぼちゃスープ 大豆煮・野菜煮（にんじん・いんげん）	おかゆ（軟飯）・かぼちゃスープ 大豆煮・野菜煮（にんじん・いんげん）
おかゆ・小松菜みそスープ 鮭煮・野菜煮（ブロッコリー・大根）	おかゆ（軟飯）・小松菜みそ汁 鮭煮・野菜煮（ブロッコリー・大根）
おかゆ・じゃがいものみそスープ 豆腐煮・野菜煮（キャベツ・かぶ）	おかゆ（軟飯）・じゃがいものみそ汁 豆腐煮・野菜煮（キャベツ・かぶ）
おかゆ・チンゲンサイみそスープ 高野豆腐煮・野菜煮（さつまいも・いんげん）	おかゆ（軟飯）・チンゲンサイみそ汁 高野豆腐煮・野菜煮（さつまいも・いんげん）
おかゆ・キャベツスープ ツナ煮・野菜煮（玉ねぎ・にんじん）	おかゆ（軟飯）・キャベツスープ ツナ煮・野菜煮（玉ねぎ・にんじん）
おかゆ・ほうれんそうスープ 大豆煮・野菜煮（にんじん・ひじき）	おかゆ（軟飯）・ほうれんそうスープ 大豆煮・野菜煮（にんじん・ひじき）
おかゆ・もやしスープ 白身魚煮・野菜煮（さつまいも・ブロッコリー）	おかゆ（軟飯）・もやしスープ ツナ煮・野菜煮（さつまいも・ブロッコリー）
おかゆ・にんじんみそスープ ささみレバー煮・野菜煮（大根・かぼちゃ）	おかゆ（軟飯）・にんじんみそ汁 ささみレバー煮・野菜煮（大根・かぼちゃ）
おかゆ・大根みそスープ 高野豆腐煮・野菜煮（玉ねぎ・じゃがいも）	おかゆ（軟飯）・大根みそ汁 高野豆腐煮・野菜煮（玉ねぎ・じゃがいも）
おかゆ・キャベツスープ 大豆煮・野菜煮（玉ねぎ・ひじき）	おかゆ（軟飯）・キャベツスープ 大豆煮・野菜煮（玉ねぎ・ひじき）
おかゆ・玉ねぎみそスープ しらす煮・野菜煮（かぼちゃ）	おかゆ（軟飯）・玉ねぎみそ汁 しらす煮・野菜煮（かぼちゃ）

● 保育園の食事

○ 発達に合わせて食事を進めていきます。
　舌の動きや、噛む力などを見ながら適した食事形態で提供できるようにしています。

○ 食事の介助は信頼できる人と
　担当の保育者と、ゆったりとした環境で食べます。

○ 毎日の展示食
　展示食は目安です。形態や量の参考になさってください。

3章　保育園での離乳食の進め方

4月 完了食献立表

日時	曜日	朝の飲み物	完了食　午前食
1 15	月	牛乳	たけのこごはん・じゃがいもと春キャベツのみそ汁 鮭の塩焼き・ふきと豆腐の煮物・みかん缶
2 16	火	牛乳	アマランサスごはん・切り干し大根と油揚げのみそ汁 擬製豆腐・春野菜の和え煮・いちご
3 17	水	牛乳	アマランサスごはん・コロコロみそ汁 鶏の塩麹煮・ゆでブロッコリー・切り昆布の煮つけ
4 18	木	牛乳	胚芽ごはん・ちくわとかいわれのスープ さばのみそ煮・納豆和え・みかん缶
5 19	金	牛乳	豚肉と春野菜の塩麹うどん・豆腐とかぼちゃ煮 ヨーグルト
6 20	土	牛乳	鶏野菜丼・野菜スープ キャベツ煮
8 22	月	牛乳	アマランサスごはん・春キャベツのスープ かれいのコーンチーズ焼き・ひじきの煮つけ
9 23	火	牛乳	親子丼・みそけんちん汁 わかめとしらすの煮物・いちご
10 24	水	牛乳	野菜たっぷり肉うどん 豆腐と春キャベツのみそ炒め・ヨーグルト
11 25	木	牛乳	キーマビーンズカレー・わかめスープ アスパラベーコン炒め・いちご
12	金	牛乳	アマランサスごはん・塩麹入りかきたま汁 おからハンバーグ・和風ポテトサラダ
誕生会 26	金	牛乳	ごはん・野菜とベーコンスープ こいのぼりハンバーグ・春野菜煮
13 27	土	牛乳	アマランサスごはん・根菜みそ汁 鶏のしょうゆ麹煮・アスパラガスおかか和え・ヨーグルト

● 入園・進級おめでとうございます

　1歳、2歳になっても《お口の中》はまだまだ発達途中！
　大人と同じ食事はまだ難しいので、多少の配慮が必要です。保育園のお昼の揚げ物はしばらく煮物に、和え物も煮物に変更しています。煮物の味つけはだしとしょうゆです。
　全体的な味つけも大人よりうすくしています。ご家庭でのごはんの味つけも《大人より、少しうすめ》を心がけてみてください。
　食事に関することで何か分からないこと等ありましたら、気軽にお声かけください。
　1年間よろしくお願いいたします。

ふきのとう保育園

完了食　午後食	エネルギー	完了食　延長
小松菜ウインナー蒸しパン 牛乳	325	グリンピースカレーごはん ほうじ茶
しろむすび・キャベツスープ ほうじ茶	327	あけぼのごはん ほうじ茶
フルーツヨーグルト プチスティック・ほうじ茶	310	コーンと青海苔ごはん ほうじ茶
桜あんパン 牛乳	329	鶏そぼろごはん ほうじ茶
カルシウムおにぎり ほうじ茶	339	鮭ごはん ほうじ茶
せんべい・クッキー 牛乳	306	せんべい・クッキー ほうじ茶
にゅうめん ほうじ茶	218	ゆかりごはん ほうじ茶
甘酒ホットケーキ 牛乳	358	おかかしょうゆごはん ほうじ茶
菜の花入り炊き込みごはん ほうじ茶	356	しらすごはん ほうじ茶
ももゼリー・つぶせんべい ほうじ茶	310	ツナケチャップごはん ほうじ茶
ブルーベリージャムサンド 牛乳	343	ウインナーしょうゆごはん ほうじ茶
しろむすび・フルーツカップ 牛乳	394	ウインナーしょうゆごはん ほうじ茶
せんべい・クッキー 牛乳	391	せんべい・クッキー ほうじ茶

●こんな食べものには注意しましょう！

○生の魚（いくらは要注意！）3歳くらいから
○生野菜（サラダなど）も噛むことが難しいです。
　野菜は火を通したほうが食べやすいです。
○肉・魚：特に肉はひき肉状か、肉団子をお勧め
　しています。
　食べにくい場合はとろみをつけてみましょう。

●食事は先生ひとりに対して
　2～3人の子どもで食べます。

　「自分で食べたい！」という気持ち
に寄り添いながら、楽しく食べること
を中心に、個々の発達に合わせた食事
を進めていきます。

ふきのとう保育園　メニュー展開①

食事回数 月齢（目安）	幼児（3〜5歳児）食	切り方	g	乳児（1〜2歳児）食	切り方	g	完了食 12〜18か月頃	切り方	g
ごはん	精白米		50	精白米		30〜40	軟飯〜 （ごはん）		80〜90
豚汁	豚こま肉		10	豚こま肉	小さく切る	8	豚こま肉	小さく切る	6
	大根	いちょう切り	10	大根	いちょう切り	8	大根	いちょう切り	6
	にんじん	いちょう切り	5	にんじん	いちょう切り	4	にんじん	いちょう切り	3
	ごぼう	ささがき	3	ごぼう	ささがき	2.4	ごぼう	ささがき	2
	じゃがいも	1.5cm角	10	じゃがいも	1cm角	8	じゃがいも	1cm角	6
	こんにゃく	短冊切り	3	こんにゃく	短冊切り	2.4			
	長ねぎ	小口切り	3	長ねぎ	小口切り	2.4	長ねぎ	小口切り	2
	だし汁		150	だし汁		120	だし汁		100
	みそ		4	みそ		3	みそ		2
さばの しょうゆ麹煮	さば		40	さば		30	さば		15
	生姜	千切り	2	生姜	千切り	1.6	しょうゆ麹		1
	しょうゆ麹		1.5	しょうゆ麹		1.2	だし汁		12
	だし汁		20	だし汁		16	片栗粉 （とろみ用）		1
わかめの 酢の物	わかめ（塩蔵）	小さく切る	10	わかめ（塩蔵）	小さく切る	8	わかめ	小さく切る	6
	きゅうり	輪切り	10	きゅうり	いちょう切り	8	きゅうり	いちょう切り	6
	ちくわ	輪切り	5	ちくわ	いちょう切り	4	だし汁		10
	砂糖		0.8	砂糖		0.6	しょうゆ		0.4
	酢		2.5	酢		2			
	しょうゆ		0.8	しょうゆ		0.6			
ポイント	だし汁はかつおを使用。			幼児食の80％の味つけ。 だし汁はかつおを使用。			乳児食の80％の味つけ。 みそ汁はだしで割る。 だし汁はかつおを使用。		

●食材の展開●

　当園では、幼児食（3〜5歳児）の献立から、食材を乳児食（1〜2歳児）、離乳食に展開しています。
　乳児食は分量を80％にし、魚・肉など食べにくい食材は変えます。また、味つけもだし汁でうすめたり、かたい野菜はやわらかめにしています。離乳食の午後食など展開できない食材は別に発注します。その際、あまりが出ないように少量でも納品してもらえるものを選んだりします。

3章 保育園での離乳食の進め方

後期食	切り方		中期食	切り方		初期食	切り方	
9〜11か月頃		g	7〜8か月頃		g	5〜6か月頃		g
5倍がゆ(全がゆ)軟飯		80〜90	7倍がゆ		50〜80	重湯〜つぶしがゆ 10倍がゆ		10〜30
にんじん	コロコロ	5	にんじん	みじん切り	5			
じゃがいも	コロコロ	10	じゃがいも	みじん切り	10	汁なし		
だし汁		80	だし汁		80			
みそ		1	みそ		1			
さば		15	白身魚		10	白身魚		10
しょうゆ麹		1				野菜スープ		10
だし汁		12	だし汁		10	片栗粉(とろみ用)		0.8
片栗粉(とろみ用)		1	片栗粉(とろみ用)		0.8			
【野菜煮】			【野菜煮】			【野菜煮】		
大根	輪切り	10	大根	みじん切り	8	大根		6
ごぼう	斜め切り	5	野菜スープ		8	野菜スープ		6
だし汁		10	片栗粉(とろみ用)		0.8	片栗粉(とろみ用)		0.8
しょうゆ		0.5						
野菜煮は圧力鍋で煮る。大根は1cm幅の輪切り。ごぼうも大き目に切り、手づかみできるように。だし汁はかつおを使用。			野菜煮は圧力鍋で煮る。野菜スープは野菜の煮汁。			野菜煮は圧力鍋で煮る。野菜スープは野菜の煮汁。		

ふきのとう保育園　メニュー展開②

食事回数 月齢（目安）	幼児（3～5歳児）食	切り方	g	乳児（1～2歳児）食	切り方	g	完了食 12～18か月頃	切り方	g
ごはん	精白米		50	精白米		30～40	軟飯～ （ごはん）		80～90
きのこの みそ汁	なめこ	水洗い	10	なめこ	水洗い	8	なめこ	水洗い	6
	まいたけ	千切り	5	まいたけ	粗みじん切り	4	まいたけ	粗みじん切り	3
	しめじ	房に分ける	5	しめじ		4	しめじ	粗みじん切り	3
	油揚げ	短い千切り	4	油揚げ	粗みじん切り	3	油揚げ	粗みじん切り	2
	万能ねぎ	小口切り	3	万能ねぎ	小口切り	2.4	万能ねぎ	小口切り	2
	だし汁		150	だし汁		120	だし汁		100
	みそ		4	みそ		3	みそ		2
鶏肉のフライ	鶏むね肉		40	鶏むね肉		30	鶏むね肉		20
	塩		0.1	塩		0.08	塩		0.06
	小麦粉		7	小麦粉		5	小麦粉		4
	パン粉		10	パン粉		8	パン粉		6
	揚げ油		4	揚げ油		3	揚げ油		2
							だし汁		10
コールスロー サラダ	キャベツ	千切り	25	キャベツ	千切り	20	キャベツ	千切り	16
	にんじん	千切り	10	にんじん	千切り	8	にんじん	千切り	6
	レーズン	湯で戻す	3	レーズン	湯で戻す	2	野菜スープ		20
	酢		2.5	酢		2	しょうゆ		0.8
	サラダ油		2.5	サラダ油		2			
	塩		0.1	塩		0.08			
ミニトマト	ミニトマト	1個	10						
ポイント	だし汁はかつおを使用。 フライの衣は卵を使わず、水溶き小麦粉にパン粉をまぶす（アレルギー対策）。			幼児食の80％の味つけ。 だし汁はかつおを使用。			乳児食の80％の味つけ。 フライが食べにくい場合は、だし汁で煮る。 だし汁はかつおを使用。		

後期食	切り方	g	中期食	切り方	g	初期食	切り方	g
9〜11か月頃			7〜8か月頃			5〜6か月頃		
5倍がゆ(全がゆ) 軟飯		80〜90	7倍がゆ		50〜80	重湯〜つぶしがゆ 10倍がゆ		10〜30
まいたけ	粗みじん切り	3						
しめじ	粗みじん切り	3						
豆腐		5	豆腐		5	汁なし		
万能ねぎ	小口切り	1	万能ねぎ	小口切り	1			
だし汁		80	だし汁		80			
みそ		1	みそ		1			
【ささみ煮】			【ささみ煮】			【ささみ煮】		
ささみ	粗みじん切り	20	ささみ	粗みじん切り	15	ささみ	粗みじん切り	10
だし汁		10	野菜スープ		10	野菜スープ		10
しょうゆ		1						
片栗粉		1	片栗粉		0.8	片栗粉		0.8
キャベツ	千切り	12	キャベツ	みじん切り	12	キャベツ	みじん切り	10
にんじん	千切り	5	にんじん	みじん切り	5	にんじん	みじん切り	4
野菜スープ		16	野菜スープ		16	野菜スープ		12
しょうゆ		0.6	片栗粉		0.8	片栗粉		0.6
野菜煮は圧力鍋で煮る。むね肉は煮るとかたくなるのでささみを使用。だし汁はかつおを使用。			野菜煮は圧力鍋で煮る。野菜スープは野菜の煮汁。			野菜煮は圧力鍋で煮る。野菜スープは野菜の煮汁。		

発達にそった食材の形態と食器

食材の形態

離乳初期（生後5〜6か月頃）

おもゆ
にんじんペースト

徐々に、おもゆにつぶしがゆを少しずつ混ぜていきます。野菜ペーストにも、やわらかく煮たみじん切り野菜を少しずつ混ぜていきます。

離乳中期（生後7〜8か月頃）

つぶしがゆスープ
ささみ煮
キャベツ・にんじん煮
わかめスープ

すりつぶしたものから、舌でつぶせるかたさに。介助者が、子どもに合った状態につぶして与えます。

離乳後期（生後9〜11か月頃）

全がゆ〜軟飯
ささみレバー煮
キャベツ・にんじん煮
わかめスープ

肉や野菜のきざみは、歯ぐきで噛んで口でまとまるようにトロミをつけます。手づかみ食べができる子は、手に持って食べます。

離乳完了（生後12〜18か月頃）

胚芽ごはん
豚肉煮
野菜煮
和風アスパラサラダ
わかめと豆腐のすまし汁

肉や野菜のきざみは、口の中でまとまるようにトロミをつけます。

幼児食

胚芽ごはん
豚肉の生姜焼き
千切りキャベツ
和風アスパラサラダ
わかめと豆腐のすまし汁
河内晩柑

歯が生えそろい、咀しゃく力が増すため、噛みごたえのある物も献立に取り入れます。まだ大人と同じ咀しゃく力ではないため、少しやわらかめにします。

食器

食材の形態がペースト状なので、スプーンは平らなもの。大人が介助するので、器はどのようなものでもよいです。

スープ用に少し深みのあるスプーンも用意します。大人が介助するので、器はどのようなものでもよいです。

汁やお茶を飲む器を用意し、すすり飲みの練習をしていきます。コップは持ち手のない方が両手でしっかりと支えられ、それにより、子どもは唇を使うことを意識します。

カットコップ
後期食の頃、すすり飲みの練習に使います。切り込みの入っている部分を鼻の方に向けます。

自食用のスプーン（太グリップスプーン）も用意します。器はふちに返しがあるもののほうが子どもは食べやすく、介助もしやすいです。

3歳児はスプーンのみ使用、4歳児から、徐々に箸を使用します。メインはスプーン（フォークは麺などスプーンでは食べにくい食材の時に使用）。5歳児から、箸置きを使用します。

持ち手のないコップ
幼児食まで同じ形のものを使います。幼児は容量が大きくなります。

離乳食を作る時に便利な物

●小さめの圧力鍋

煮崩れにくい野菜（いも類は別鍋で）を大きめに切り、全部一緒に煮たあと、それぞれの月齢に合わせた大きさにしています。野菜スープはこの時に出た汁を使います。大豆も水から煮ると、とても甘くておいしいです。ガス台が少ない園では調理時間の短縮にもなり、とても重宝します。

●小さいミキサーやブレンダー

離乳初期に使うと便利です。蒸しパン等に入れる野菜ペーストを作る時にもお勧めです。
ミキサーは、干ししいたけのみじん切りにも便利です。

離乳食を作る時に、気をつけたいこと

中心温度をしっかりとはかりましょう。ふきのとう保育園では、85℃になるようにしています。
また、検食の保存もとるとよいでしょう。

離乳初期（生後5～6か月頃）の調理の留意点

初期食は赤ちゃんがはじめて食べる食事です。ひとさじずつゆっくりと進めていくことが大切です。保育園で離乳を始める場合、はじめて食べるものは、事前に家庭で2回以上試してもらいましょう。

＊ふきのとう保育園では、アレルギーの心配がないお子さんには、米と野菜は保育園ではじめて出ることがある旨を伝え、了承いただいております（たんぱく質食品、小麦、果物はご家庭で必ず試してもらってから保育園で提供しています）。

離乳初期のレシピ

10倍がゆ

材料 子ども1人分（g）

米	3.0
水	30.0

1人分 エネルギー 11kcal / たんぱく質 0.2g

作り方

① 米に10倍の水を加えて炊く。
　始めは強火で、沸騰してきたら弱火にしてコトコト煮る。

＊10倍がゆの上澄みが重湯。
＊市販のおかゆの素を使ってもよいでしょう。

野菜ペースト

材料 子ども1人分（g）

にんじん	8.0
水	8.0
片栗粉	0.8

1人分 エネルギー 3kcal / たんぱく質 0.1g

作り方

① にんじんを輪切りにし、水で煮る（いろいろな野菜と圧力鍋で煮る。普通の鍋でも可）。
② ①をフードプロセッサーでペースト状にし、加熱して水溶き片栗粉でとろみをつける。

＊量が少ない場合はとろみ材（片栗粉）が便利。
＊アクの少ない野菜を使います。
＊いも類やかぼちゃはとろみをつけなくても食べやすい食材です。
＊離乳食を始めて順調に進んできたら、3～4週目くらいで白身魚や豆腐といった、たんぱく質を入れていきます。

離乳中期（生後7～8か月頃）の調理の留意点

中期食は食事に慣れていくための内容になります。まだ乳汁が主食ですので、この時期もゆっくりと進めていきます。

舌の動きが上下の動きになり、舌と上あごでつぶして食べるようになります。お座りもできるようになり、椅子に座って食べる時は、しっかりと体を支えられる環境をつくりましょう（椅子は足がしっかり床につく高さ。テーブルは肘がのる高さ）。難しい場合や、ぐずった時などは、抱っこで食べさせます。

食事中はお茶で流し込む「流し込み食べ」がないように注意しましょう。お茶は最後に。

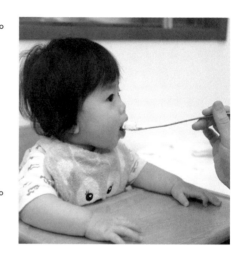

＊野菜スープはいろいろな野菜を圧力鍋で煮て作ります（普通の鍋でも可）。
＊だし汁はかつおだしです。家庭で試してもらい、鮭やあじが大丈夫であることを確かめてから使います。
＊中期食の後半で食が進まない時は、少々の味つけ（塩、砂糖、発酵調味料）をしてみましょう。

離乳中期のレシピ

しらすと青海苔のおかゆ

材料 子ども1人分（g）

7倍がゆ	60.0
しらす	2.0
青海苔	0.08

作り方

① おかゆに湯通ししたしらすと、青海苔を混ぜる（しらすが大きい場合は切る）。

1人分
エネルギー　188kcal
たんぱく質　1.2g

＊みじん切りは2mmくらい　　**離乳中期のレシピ**

白菜豆腐煮

材料 子ども1人分（g）

白菜	8.0
にんじん	5.0
絹豆腐	20.0
だし汁	20.0
片栗粉	1.0

1人分　エネルギー　17kcal
　　　　たんぱく質　1.2g

作り方

① 白菜はゆでて、みじん切りにする。にんじんもゆでて、みじん切りにする。
② 絹豆腐は洗い、1cm角に切り、①と共にだし汁で煮る。
③ 水溶き片栗粉でとろみをつける。

鮭のクリームコーン煮

材料 子ども1人分（g）

生鮭	10.0
アスパラガス	10.0
クリームコーン	5.0
だし汁	10.0
片栗粉	0.8

1人分　エネルギー　22kcal
　　　　たんぱく質　2.6g

作り方

① 生鮭はさっとゆでこぼす（脂が多い鮭の場合）。
② アスパラガスは下のほうの皮をむき、ゆでてみじん切りにする。
③ 鍋に①、②とクリームコーン、だし汁を入れて煮る。
④ 水溶き片栗粉でとろみをつける。

＊魚はきざんだりしないで出し、食べさせる人がその子の発達を見ながらほぐしています。

離乳中期のレシピ　＊みじん切りは2mmくらい

小松菜しらす煮

材料 子ども1人分（g）

小松菜	10.0
しらす	2.0
だし汁	10.0
片栗粉	0.8

1人分　エネルギー　6kcal　たんぱく質　0.5g

作り方

① 小松菜は葉先をやわらかくゆでて、みじん切りにする。
　しらすはゆでこぼし、きざむ。
② 鍋に①とだし汁を入れて煮る。
③ 水溶き片栗粉でとろみをつける。

ツナのトマト煮

材料 子ども1人分（g）

トマト	10.0
玉ねぎ	5.0
ツナ（水煮缶）	5.0
野菜スープ	10.0
片栗粉	0.8

1人分　エネルギー　42kcal　たんぱく質　1.0g

作り方

① トマトは皮と種を取り、きざんでおく。
② 玉ねぎはゆでてみじん切りにする。
③ ツナと①、②を野菜スープで煮る。
④ 水溶き片栗粉でとろみをつける。

＊ツナの味が濃い時は、水で煮てもよいでしょう。
＊トマトの酸味が気になる場合は、少量の砂糖を入れます。

ささみとかぼちゃ煮

材料 子ども1人分（g）

かぼちゃ	20.0
ささみ	10.0
野菜スープ	10.0
片栗粉	0.8

1人分　エネルギー　112kcal　たんぱく質　2.6g

作り方

① かぼちゃは皮と種を取って、適当な大きさに切り、やわらかくゆでて、つぶす。
　ささみはゆでて、みじん切りにする。
② ①に野菜スープを入れて煮て、水溶き片栗粉でとろみをつける。

＊みじん切りは2mmくらい　　離乳中期のレシピ

白身魚と野菜の煮物

材料　子ども1人分（g）

にんじん	5
チンゲンサイ	10
白身魚	15
だし汁	20
片栗粉	0.8

1人分　エネルギー　21kcal
　　　　たんぱく質　3.2g

作り方

① にんじんとチンゲンサイはゆでて、粗みじん（5mm角くらい）に切る（チンゲンサイは、根元と葉を別々にゆでる）。
② 白身魚（1cm角）はだし汁（半分量）で煮ておき、水溶き片栗粉（半分量）でとろみをつける。
③ ①を残りのだし汁で煮て、残りの水溶き片栗粉でとろみをつけ、②の魚のわきにかける。

高野豆腐とわかめ煮

材料　子ども1人分（g）

高野豆腐	2.0
生わかめ	2.0
だし汁	10.0
片栗粉	0.8

1人分　エネルギー　14kcal
　　　　たんぱく質　1.1g

作り方

① 高野豆腐は熱湯で戻して（すぐにやわらかくなる）、みじん切りにする。生わかめもみじん切りにする。
② ①をだし汁で煮て、水溶き片栗粉でとろみをつける。

＊保存がきく高野豆腐は、あまっても取っておけるので、少人数の離乳食作りにピッタリ！

離乳中期のレシピ　＊みじん切りは2mmくらい

ほうれんそうとさつまいも煮

材料 子ども1人分（g）

ほうれんそう	5.0
さつまいも	15.0
野菜スープ	20.0

1人分　エネルギー　21kcal
　　　　たんぱく質　0.3g

作り方

① ほうれんそうは葉先をゆでて、しっかり水にさらし（アクを抜く）、みじん切りにする。
② さつまいもは適当な大きさに切り、やわらかくゆでる（皮を厚くむき、さらした水を何度か変えるときれいにゆであがる）。
③ ①と②を野菜スープに入れて煮る。

＊さつまいもが、ほうれんそうのえぐみを消します。

野菜煮黄身のせ

材料 子ども1人分（g）

キャベツ	15.0
にんじん	3.0
だし汁	20.0
片栗粉	1.0
卵黄（かたゆで）	3.0

1人分　エネルギー　19kcal
　　　　たんぱく質　0.8g

作り方

① キャベツとにんじんはみじん切りにしてだし汁で煮て、水溶き片栗粉でとろみをつける。
② かたゆでの卵をほぐし、①の上にかける。

＊卵をはじめて与える場合は、20分以上ゆで、しっかり火を通しましょう。

離乳後期（生後9〜11か月頃）の調理の留意点

後期食は、主な栄養が乳汁から食物に変わる大切な食事です。

特に母乳だけでは必要な栄養素が不足してくる時期ですので、身体をつくるたんぱく質をきちんととることが大切です。

不足しがちな鉄分やカルシウムなどのミネラル分の補給ができるものも意識しながら、献立を組み合わせてみましょう。

味つけのバリエーションは増えてきます。形態は一人ひとりに合わせて変えることもあります。

後半は、手づかみ食べや、前歯でのかじり取り、唇を使ったすすり飲みの練習を繰り返す中で、食べる機能が発達していきます。家庭にもこの時期の大切さを伝え、一緒に離乳を進めていきましょう。

＊だし汁はかつおの他に、煮干しも使えます。
以下で使用するだし汁は、かつおだしです。

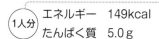

マカロニホワイト煮

材料 子ども1人分（g）

マカロニ	16.0
にんじん	5.0
玉ねぎ	10.0
小松菜	10.0
ツナ（水煮缶）	5.0
だし汁	20.0
粉ミルク	15.0
しょうゆ	0.5
米粉	1.0

1人分
エネルギー　149kcal
たんぱく質　5.0g

作り方

① マカロニはやわらかくゆでる（クタクタになるように）。
にんじんは1cm角のさいの目に切る。
玉ねぎは粗みじん切り（5mm）にする。
小松菜はゆでて1cmくらいに切る。
② マカロニとツナ、玉ねぎ、にんじんをだし汁で煮る。
③ 野菜がやわらかくなってきたら、しょうゆで味つけし、お湯（30cc）で溶いた粉ミルクを入れる。水溶き米粉でとろみをつける。
④ 仕上げに小松菜を入れる。

＊ミルクアレルギーのお子さんには、豆乳やアレルギー用粉ミルクを使います。

離乳後期のレシピ　＊みじん切りは2mmくらい

汁ビーフン

材料　子ども1人分（g）

ビーフン	15.0
長ねぎ	3.0
にんじん	3.0
もやし	10.0
ピーマン	3.0
だし汁	50.0
鶏ひき肉	10.0
しょうゆ	0.5

1人分　エネルギー　81kcal　たんぱく質　3.3g

作り方

① ビーフンは短め（1.5cmくらい）に切ってゆでる（短く切ってゆでると、衛生的）。
② 長ねぎはみじん切り、にんじんは短い千切り（1cmくらい）、もやしとピーマンはさっとゆでて短めの千切り（1cmくらい）に切っておく。
③ だし汁に①②と、鶏ひき肉を入れて煮る。しょうゆで味つけする。

＊ビーフンは小麦粉アレルギーにも対応できます。
汁のうまみを吸っておいしくなります。

鮭の米粉クリーム煮

材料　子ども1人分（g）

生鮭	20.0
ブロッコリー	10.0
豆乳	20.0
昆布茶	0.2
米粉	2.0

1人分　エネルギー　47kcal　たんぱく質　5.7g

作り方

① ブロッコリーは小房に分け、やわらかめにゆでておく。
② 豆乳に昆布茶を入れ、煮たって来たら生鮭と①を入れる。水溶き米粉でとろみをつける。

＊小麦や乳のアレルギー対応もできる主菜です。
＊米粉は片栗粉のような透明感は出ず、自然なとろみになります。
＊うまみもある昆布茶は、いろいろなアレルギーの子どもに使えます。

*みじん切りは2mmくらい　**離乳後期のレシピ**

豆腐と豚ひき肉のしょうゆ麹煮

材料 子ども1人分（g）

絹豆腐	45.0
長ねぎ	5.0
干ししいたけ	1.0
豚ひき肉	10.0
水	10.0
しょうゆ麹	1.0
片栗粉	1.0

1人分　エネルギー　55kcal
　　　　たんぱく質　4.2g

作り方

① 絹豆腐は1cm角に切り、水洗いする。長ねぎはみじん切り、干ししいたけも戻してみじん切りにする。
② 鍋に①と豚ひき肉、水、しょうゆ麹を入れて煮る。水溶き片栗粉でとろみをつける。

＊しょうゆ麹はそれだけで味にコクがあるため、手軽に使えます。

さばのみそホイル焼き

材料 子ども1人分（g）

さば	25.0
にんじん	10.0
玉ねぎ	10.0
ほうれんそう	5.0
みそ	1.0
甘酒（ノンアルコール）	0.5

1人分　エネルギー　63kcal
　　　　たんぱく質　5.5g

作り方

① にんじん、玉ねぎは短い千切り（1cmくらい）にして、ゆでる。
ほうれんそうもゆでて短め（1cmくらい）に切る。
② ①にみそと甘酒を混ぜておく。
③ アルミホイルにさばと②をのせ、200℃のオーブンで8～10分焼く。

＊甘酒を使うことで自然の甘さが加わって食べやすくなり、魚のくさみもとれます。

> 離乳後期のレシピ

豚肉ともずく煮

材料 子ども1人分（g）

もずく	10.0
だし汁	10.0
豚ひき肉	10.0
しょうゆ	0.5

1人分 エネルギー 27kcal / たんぱく質 1.8g

作り方

① もずくは洗って短く切る。
② だし汁にもずくと豚ひき肉を入れて煮て、しょうゆで味つけする。

＊豚肉ともずくは相性がよく、ごはんにかけてもおいしいです。
＊塩蔵もずくの場合は塩抜きして使いましょう。

鶏肉ときのこのトマト煮

材料 子ども1人分（g）

鶏もも肉	20.0
玉ねぎ	10.0
しめじ	5.0
マッシュルーム	5.0
野菜スープ	20.0
トマト	10.0
しょうゆ	0.5
片栗粉	1.0

1人分 エネルギー 51kcal / たんぱく質 4.0g

作り方

① 鶏もも肉はゆでて、粗くきざむ（8mmくらい）。
② 玉ねぎとしめじ、マッシュルームは野菜スープ（半分量）でやわらかくなるまで煮て、8mm角くらいに切っておく。
トマトは皮と種を取ってみじん切り（2mmくらい）にする。
③ ①と②を残りの野菜スープで煮て、しょうゆで味つけし、水溶き片栗粉でとろみをつける（酸味が強い場合は砂糖をほんの少し入れる）。

＊食材の大きさは、発達に合わせて変えます。

あじとごぼうの煮物

材料 子ども1人分（g）

あじ	25.0
だし汁	20.0
みそ	1.0
片栗粉	1.0
ごぼう	5.0

1人分 エネルギー 40kcal
たんぱく質 5.2g

作り方

① あじは骨やせいごを取り、食べやすい大きさに切る。だし汁（半分量）に入れて煮て、みそで味つけし、水溶き片栗粉でとろみをつけておく。
② ごぼうは薄く斜め（4cmくらいの長さ）に切り、一度ゆでこぼす。あじと違う鍋で残りのだし汁で煮る（圧力鍋だと早くできる）。
③ ①に②を添える。

＊ごぼうは大きめに切ると、手づかみ食べとかじり取りができます。

高野豆腐の卵とじ

材料 子ども1人分（g）

高野豆腐	4.0
だし汁	10.0
しょうゆ	0.5
卵（鶏卵）	3.0

1人分 エネルギー 31kcal
たんぱく質 3.4g

作り方

① 高野豆腐は熱湯で戻し、みじん切り（3mmくらい）にする。
② だし汁で①を煮て、しょうゆで味つけし、卵でとじる。

離乳後期のレシピ

かじり取り野菜煮

材料 子ども1人分（g）

にんじん	10.0
大根	10.0
かぶ	10.0
だし汁	20.0

1人分　エネルギー　12kcal
　　　　たんぱく質　1.1g

作り方

① にんじんは太いほうを幅8mmくらい厚さの輪切り、大根は半月にし、幅8mmくらいの厚さに切る。かぶは皮をむく。
② だし汁で①の野菜をやわらかくなるまで煮る。

＊にんじんの細いほうは、初期食〜中期食に使います。

＊かぶは煮えやすいので、そのままの大きさで煮て、提供する前に半分くらいに切ります。
＊口より大きく切ると、しっかりかじり取りができ、つめこみ食べの防止にもなります。

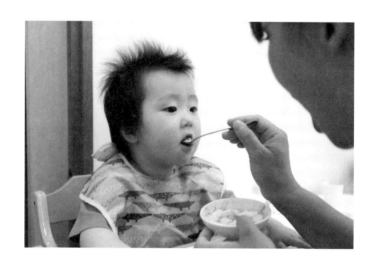

離乳完了（生後12〜18か月頃）の調理の留意点

自分で食べたい気持ちが出てくる時期です。手づかみ食べやかじり取りなどを積極的に取り入れます。食材の形態はなるべく大きめに切り、やわらかく煮て、歯茎で噛めるかたさにしてみましょう。

後半はスプーンも使います。スプーンにのる大きさに保育士が食材をカットして見せることで、子どもたちもそれぞれの食材の大きさやかたさなどを認識していきます。子どもたちが積極的に食べたいと思う形態に、切り方を工夫してみましょう。

栄養的には後期食と同様に、鉄分などのミネラル分やたんぱく質が不足しないよう気をつけます。

食材の幅や形態を広げると共に、楽しい食事になるような盛りつけや、介助を心がけていきましょう。

離乳完了のレシピ

シーフードパスタ

材料 子ども1人分（g）

スパゲティ	25.0
玉ねぎ	10.0
グリンピース	2.0
しらす	2.0
かじき	10.0
だし汁	50.0
塩	0.1
しょうゆ	0.5

1人分　エネルギー　120kcal
　　　　たんぱく質　6.0g

作り方

① スパゲティは短め（2cmくらい）に折って、やわらかくゆでる。
② 玉ねぎは短い千切り（1.5cmくらい）、グリンピースはゆでておく。しらすはさっとゆでこぼす。かじきは1.5cm角に切る。
③ だし汁に②を入れて煮る。
④ 塩としょうゆで味つけし、①を入れて煮込む。

＊スパゲティはあらかじめ短く折っておくと、便利です。
＊スパゲティを折る時は、きれいな軍手をはめると手を痛めません。

離乳完了のレシピ ＊みじん切りは2mmくらい

いわし団子と小松菜煮

材料 子ども1人分（g）

いわし	25.0
片栗粉	0.5
小松菜	10.0
だし汁	20.0
しょうゆ	1.0
片栗粉	1.0

1人分　エネルギー　49kcal
　　　　たんぱく質　5.2g

作り方

① いわしはフードプロセッサーか包丁でミンチ状にする。片栗粉を加え、2cmくらいの団子にする。
② 小松菜はゆでて5mmくらいに切る。
③ だし汁を沸かし、①を入れ、火が通ったらしょうゆで味つけする。
④ ③に②を入れて、水溶き片栗粉でとろみをつける。

大豆と野菜のケチャップ煮

材料 子ども1人分（g）

大豆	2.0
にんじん	5.0
玉ねぎ	10.0
さやいんげん	3.0
トマト	10.0
ホールコーン	5.0
トマトケチャップ	1.0
野菜スープ	20.0

1人分　エネルギー　22kcal
　　　　たんぱく質　1.1g

作り方

① 大豆は水につけてひと晩おき、圧力鍋で煮る。
② にんじん、玉ねぎは5mm角に切る。
さやいんげんも5mm長さに切って、やわらかくゆでておく。
トマトは皮と種を取り、みじん切りにする。
③ 野菜スープで①、玉ねぎ、にんじん、トマト、ホールコーンを煮る。
④ ③の野菜がやわらかくなったら、トマトケチャップで味つけし、さやいんげんをちらす。

＊大豆は「ゆで大豆」5gを使用してもよいでしょう。

離乳完了のレシピ

鶏天煮

材料 子ども1人分（g）

鶏むね肉	20.0
しょうゆ麹	1.0
小麦粉	2.0
揚げ油	2.0
だし汁	20.0

1人分 エネルギー 49kcal
たんぱく質 5.0g

作り方

① 鶏むね肉に、しょうゆ麹で下味をつける。
② 小麦粉に水を加え、天ぷらの衣を作る。
③ ①に②の衣をつけ、170℃の油で揚げる。
④ 食べやすい大きさに切り、だし汁で煮る。

＊鶏肉は、しょうゆ麹につけるとやわらかくなり、味つけもできます。

豆腐のきのこあん

材料 子ども1人分（g）

豆腐	45.0
なめこ	8.0
舞茸	8.0
万能ねぎ	2.0
だし汁	20.0
しょうゆ	1.0
片栗粉	1.0

1人分 エネルギー 33kcal
たんぱく質 2.7g

作り方

① 豆腐は2cm角に切り、ゆでる。
② なめこは洗う。
舞茸は1cm長さの千切りにする。
万能ねぎは小口切りにする。
③ だし汁で、なめこと舞茸を煮る。
④ しょうゆで味つけし、水溶き片栗粉でとろみをつける。万能ねぎをちらす。
⑤ ①に④のあんをかける（煮込んでもよい）。

＊子どもたちは、なめこの食感が好きです。味の出る舞茸と共に煮ると、たくさん食べます。

離乳完了のレシピ

肉団子と野菜煮

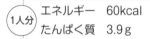 子ども1人分（g）

豚ひき肉	20.0
水	10.0
白菜	15.0
にんじん	5.0
ほうれんそう	5.0
だし汁	20.0
しょうゆ	1.0

1人分　エネルギー　60kcal
　　　　たんぱく質　3.9g

作り方

① 豚ひき肉をよく練る。水を加えて団子にする（水の量で肉団子のかたさを調整する）。
② 白菜は1.5cmの角切り、にんじんも1.5cmくらいの角切りにする。
ほうれんそうはゆでて、1.5cmくらいに切る。
③ だし汁（半分量）を沸騰させないようにして①を静かに入れ、かたまるのを待つ。
④ 別鍋に残りのだし汁でにんじん、白菜の芯を煮て、やわらかくなったら白菜の葉、ほうれんそう、③を入れて、しょうゆで味つけする。

あじのみそチーズ焼き

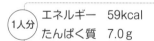 子ども1人分（g）

あじ	30.0
みそ	1.0
玉ねぎ	10.0
ピーマン	5.0
ピザ用チーズ	4.0

1人分　エネルギー　59kcal
　　　　たんぱく質　7.0g

作り方

① あじは骨やせいごを取り、食べやすい大きさに切って、みそをまぶす。
② 玉ねぎは短めの千切り（5mmくらい）にする。
ピーマンも同じくらいに切って、さっとゆでこぼす。
③ ①に②をのせ、ピザ用チーズをのせて、180℃のオーブンで7〜8分焼く。

離乳完了のレシピ

野菜の納豆和え

材料 子ども1人分（g）

にんじん	5.0
小松菜	5.0
もやし	10.0
ひきわり納豆	10.0
しょうゆ	0.4
だし汁	1.0

1人分　エネルギー　24kcal
　　　　たんぱく質　2.0g

作り方

① にんじんは短めの千切り（2cmくらい）、小松菜、もやしも短め（2cmくらい）に切っておく。
② ①の野菜をゆでて、ひきわり納豆としょうゆ、だし汁で和える。

＊だし汁を使うと、塩分を控えた味つけができます。
＊納豆の粘りで、野菜を食べやすくします。

きなこおにぎり

材料 子ども1人分（g）

米	25.0
きなこ	2.0

1人分　エネルギー　99kcal
　　　　たんぱく質　2.2g

作り方

① 米を普通に炊いて俵型のおにぎりを作り、きなこをまぶす。

＊鉄分とカルシウムの補給に適しています。

離乳完了のレシピ

かぼちゃとレーズン入りパンケーキ

材料 子ども1人分（g）

かぼちゃ	15.0
レーズン	1.0
小麦粉	12
ベーキングパウダー（アルミフリー）	0.4
牛乳	15.0
砂糖	1.0
バター	1.0

1人分　エネルギー　91kcal　たんぱく質　1.8g

作り方

① かぼちゃは皮と種を取り、ふかしてつぶす。レーズンはお湯で戻して、小さめに切る。
② 小麦粉とベーキングパウダーをふるう。
③ 牛乳に砂糖を加えて混ぜる。①と②を加えて混ぜる。
④ フライパンにバターを入れ、③の生地を流して焼く。

みかんゼリー

材料 子ども1人分（g）

みかんジュース（果汁100%）	60.0
粉寒天	0.4

1人分　エネルギー　25kcal　たんぱく質　0.3g

作り方

① みかんジュースと粉寒天を混ぜて火にかけ、煮溶けたら容器に入れ、冷やしかためる。

＊ジュースの味が濃い時は、水で薄めてください。
＊みかんジュースは国産を使っています。

●果物について●

果物は、2018年まで後期食から出していましたが、アレルギーに配慮し、現在は完了食からにしています（国産果物のみ）。
キウイフルーツ、パイナップル、バナナは園全体で出していません。

あとがき

　2019年3月末に改定「授乳・離乳の支援ガイド」が示されました。支援ガイド検討会の議事録を読み進めるうちに、社会の多様性、情報提供、選択の難しさ、研究の深化等、改定された箇所を現場ではどのように対応していくのでしょうか。

　まずは、これらの情報を共有するとともに、もの（改定支援ガイド）にのみ目を向けず、**目の前にいる子ども、家族等に目を向けていく**ことの基本を支援者（もちろん自身を含め）として忘れずにという思いをこめ書かせていただきました。

　保育園での離乳食のすすめ方について、保育園の保育士、栄養士１年生がわかるようにと、現場に精通したふきのとう保育園、管理栄養士の鈴木ゆかりさんにご協力いただきました。あらためて感謝申し上げます。

　改定直後の執筆で不足もあると思います。写真協力をいただいた、いろはちゃん、ゆうた君、ゆづきちゃん、ふきのとう保育園のお子さんをはじめ、まさに目の前の「子どもたちの健やかな育ち」に思いを寄せる皆さまの一助になればうれしいです。

可野倫子

引用・参考文献

厚生労働省「授乳・離乳の支援ガイド（2019年改定版）」2019
厚生労働省「「授乳・離乳の支援ガイド」改定に関する研究会」第２回議事録　2018
厚生労働省「平成27年度　乳幼児栄養調査結果の概要」2016年
厚生労働省「保育所におけるアレルギー対応ガイドライン」（2019年改訂版）2019
厚生労働省「日本人の食事摂取基準　2015年版」策定検討会報告書　2014
厚生労働省「保育所における食事提供ガイドライン」2012
厚生労働省「保育所保育指針」2017
食べもの文化編集部『新離乳食の基本』芽ばえ社　2003
小野友紀『授乳・離乳の支援ガイドにそった離乳食』芽ばえ社　2015
堤ちはる・土井正子編『子どもの食と栄養』萌文書林　2018
山崎祥子『じょうずに食べる―食べさせる』芽ばえ社　2016
井上美津子「おっぱいからごはんまで」『食べもの文化増刊』芽ばえ社　2019
可野倫子（2018）「離乳食」『食べもの文化』2018年11月号　芽ばえ社
小川雄二（2018）「赤ちゃんの鉄不足」『食べもの文化』2018年2月号　芽ばえ社
細田明美（2019）「ビタミンDと紫外線」『食べもの文化』2019年3月号　芽ばえ社

著者プロフィール

可野倫子（かの　のりこ）

管理栄養士　社会デザイン学修士
「食べもの文化」編集委員
大学卒業後、民間企業に就職後、家庭に入る。地域中心に栄養士として活動再開後、2002年より現東京都独立行政法人・東京都健康長寿医療センター研究所（認知症発症遅延地域介入チーム）にて認知症予防の普及啓発等に従事。2010年から東京都世田谷区へ介護予防専門栄養士（非常勤職員）として入庁。現在も介護予防事業、認知症対策の施策に従事している。教育現場では、大妻女子大学、鎌倉女子大学にて講師（非常勤）として応用栄養学理論、実習、食育論、子どもの食と栄養等を担当。2018年から保育士等キャリアアップ研修講師も務める。
社会活動として、子どもから高齢者まで、世代を超えて「笑顔でごはん！　ごはんで笑顔！」をモットーに食育、健康行動の推進、講演、レシピ提供等や近年は病児や障害児の家族等の食の支援活動団体へのサポートなど行っている。

鈴木ゆかり（すずき　ゆかり）

社会福祉法人カタバミ会　ふきのとう保育園　管理栄養士
【社会活動】
・保育所食育サポートネット副理事
主に保育所の調理担当者に向けて、離乳食の講座や食育講座等を企画・運営。
・江戸川区認可私立保育園乳幼児食事研究会役員
江戸川区認可私立保育園の調理担当者と保育者の勉強会の企画・運営。
その他、保健所の離乳食講座を担当したり、子育て広場の食事相談（主に離乳食）を月1～2回行う。研修の参加者や離乳食相談の保護者が、離乳食作りを楽しんでできるよう作り方、提供の仕方などの発信を心掛けている。

あわてず、ゆっくり離乳食
授乳・離乳の支援ガイド（改定版）の要点

2019年8月1日　第1版第1刷発行
2020年4月1日　第2版第1刷発行

著者　可野倫子・鈴木ゆかり
発行者　奥川　隆
発行所　株式会社 芽ばえ社
東京都文京区本郷3-26-1　本郷宮田ビル4F
TEL 03-3830-0025　FAX 03-3830-0026
メールアドレス info@mebaesya.co.jp
ホームページ http://www.mebaesya.co.jp/

印刷・製本　株式会社 光陽メディア

© Noriko Kano, Yukari Suzuki 2019 Printed in Japan
ISBN978-4-89579-410-7 C2077
本書内容の無断転載はご遠慮ください。